BIBLIOTHÈQUE PHOTOGRAPHIQUE

PROCÉDÉS PHOTOGRAPHIQUES

AUX

COULEURS D'ANILINE

APPLICATION

SUR VITRAUX, SUR NACRE ET SUR IVOIRE,

Par GEYMET.

PARIS,

GAUTHIER-VILLARS ET FILS, IMPRIMEURS-LIBRAIRES,

ÉDITEURS DE LA BIBLIOTHÈQUE PHOTOGRAPHIQUE,

Quai des Grands-Augustins, 55.

1888

PROCÉDÉS PHOTOGRAPHIQUES

AUX

COULEURS D'ANILINE

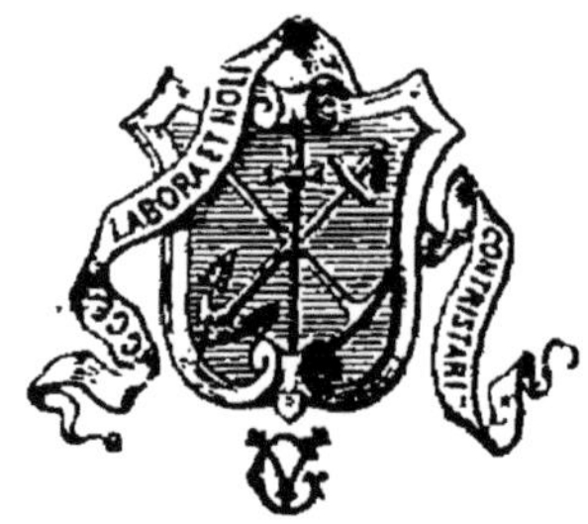
LABORA ET NOLI
CONTRISTARI
1522

BIBLIOTHÈQUE PHOTOGRAPHIQUE

PROCÉDÉS PHOTOGRAPHIQUES

AUX

COULEURS D'ANILINE

APPLICATION

SUR VITRAUX, SUR NACRE ET SUR IVOIRE,

Par GEYMET.

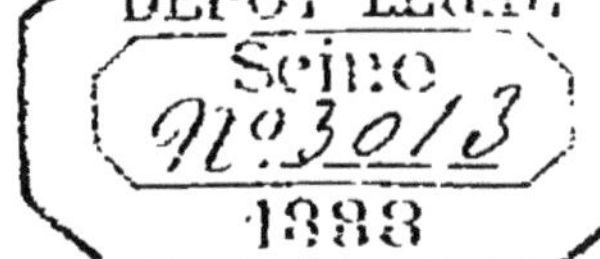

PARIS,

GAUTHIER-VILLARS ET FILS, IMPRIMEURS-LIBRAIRES,

ÉDITEURS DE LA BIBLIOTHÈQUE PHOTOGRAPHIQUE,

Quai des Grands-Augustins, 55.

1888

AVANT-PROPOS.

Depuis la découverte de l'aniline, l'éclat, la richesse des tons et la variété des couleurs dérivées de ce produit ont attiré l'attention des photographes et des amateurs.

On s'est demandé bien des fois si la Photographie n'arriverait pas, par ses transformations, à tirer un parti quelconque de ces couleurs.

Nous nous sommes livré personnellement à des recherches suivies, persuadé qu'on pourrait trouver l'application en Photographie de ces riches couleurs, qui ont transformé l'art du teinturier et que l'imprimeur ne craint plus aujourd'hui de faire entrer dans la composition des encres employées dans la chromolithographie.

Quelques essais faits par d'autres mains ont précédé cette brochure et ont eu comme résultat l'obtention d'épreuves pâles et sans vigueur.

Les dessins dans ce procédé, dont il sera dit

quelques mots à la fin de ce travail, s'obtiennent en exposant aux vapeurs d'aniline des papiers soumis à des bains spéciaux qui favorisent l'absorption des vapeurs colorées.

Nous n'avons pas la prétention d'inventer un système complet de Photographie par l'emploi absolu de ce produit, nous voulons plus simplement attirer l'attention de nos lecteurs habituels sur les avantages qu'il y aurait pour l'industrie à tirer parti des applications que nous allons signaler, en suivant les méthodes qui nous ont permis d'atteindre des résultats sérieux.

Nous avons écrit récemment une brochure (¹) sur les épreuves irisées en or et en argent, qui a obtenu un certain succès, comme moyen industriel d'ornementation et comme application à la Céramique.

Il s'agit aujourd'hui d'un procédé analogue, plus original peut-être, qui nous est encore tout à fait personnel et qui sera avant tout goûté par les lecteurs pour qui la Photographie n'est qu'un passe-temps, un moyen de distraction.

En effet, en dehors du côté utile et de l'application industrielle, la reproduction seule de vitraux aux couleurs éclatantes, très-facile à obtenir, suffirait pour donner place à cette brochure dans une

---

(¹) GEYMET, *Traité pratique de Céramique photographique Épreuves irisées or et argent* (Complément du *Traité des émaux photographiques*). In-18 jésus; 1885 (Paris, Gauthier-Villars).

bibliothèque photographique, ne fut-ce que par l'originalité du résultat.

On verra, au surplus, par les explications et par les démonstrations qui suivront, que la méthode a une certaine valeur au point de vue purement photographique.

Les clichés positifs et négatifs à fond rouge ou jaune, toujours exempts de voile (et l'on en verra la raison), seront d'un grand secours dans la gravure héliographique.

Nous prévenons dès le début qu'il est très-facile de reproduire par la méthode à l'aniline les dessins de traits. L'opération est simple, mais la difficulté s'accentue quand il s'agit de demi-teintes.

Dans le premier cas, l'amateur atteindra le but sans rencontrer d'obstacle; le photographe seul réussira dans le second, s'il est au courant des diverses méthodes développées dans plusieurs de nos Traités en vue de la transformation du cliché ordinaire en négatif ou en positif à grain.

Il ne faudrait pas supposer que les couleurs d'aniline soient aujourd'hui sans fixité comme aux premiers jours de la découverte du produit.

Ces couleurs, celles du moins que nous signalerons, sont stables. Elles résistent fort bien et indéfiniment aux rayons directs du soleil. Les couleurs végétales peuvent servir.

Nous avons laissé pendant six mois en pleine

lumière des vitraux faits à l'aniline. Ils n'ont subi aucune altération. L'action du rayon direct n'y est pas appréciable. Le rouge, le jaune et le bleu ont gardé tout leur éclat sans pâlir. Les couleurs secondaires n'ont pas été atteintes.

Ce n'est qu'après cette épreuve décisive, quant à la valeur d'application, que nous nous sommes décidé à décrire notre méthode.

Si l'on veut étudier les couleurs d'aniline pour en connaître l'origine, la nature et les dérivés, on pourra lire les notions générales qui se trouvent dans la nouvelle édition de notre *Traité pratique de Phototypie* (¹), comme introduction à la reproduction en Photographie des objets colorés.

(¹) GEYMET, *Traité pratique de Phototypie*. 2ᵉ édition revue et augmentée. In-18 jésus; 1888 (Paris, Gauthier-Villars et fils).

PROCÉDÉS PHOTOGRAPHIQUES

AUX

COULEURS D'ANILINE

CHAPITRE PREMIER.

ÉPREUVES POSITIVES A L'ANILINE
SUR CORPS OPAQUES,
NACRE, IVOIRE, CELLULOÏD, VERRE OPALE,
DOUCI, ETC.

Notions générales.

Cette première application, qui paraîtra fort simple aux graveurs chimiques, est décrite en vue des fabricants dont l'industrie emploie les produits énoncés en tête de ce Chapitre.

Nous nous conformerons à notre méthode ordinaire de démonstration.

Nous dirons d'abord ce que nous voulons faire et nous indiquerons ensuite la voie à suivre dans l'exécution.

Les couleurs d'analine ont en elles-mêmes un mordant très énergique qui leur permet de pénétrer sans moyens chimiques les substances avec lesquelles elles sont mises en contact.

On ne peut employer que par exception les acides avec les supports que nous adoptons. L'acide sulfurique, qui sert par exemple de mordant à l'aniline dans la teinture de la plume et qui n'a pas d'influence sur certaines couleurs dérivant de la houille, nuirait au résultat en attaquant non pas le produit colorant mais le subjectile qui doit recevoir l'épreuve.

La chaleur du bain suffira pour faire pénétrer la matière colorante dans la nacre, dans l'ivoire et dans le celluloïd.

Les bains froids conviendront dans la teinture des corps spongieux.

Les produits colorants seront alors dissous dans l'alcool et versés sur les réserves de gomme, de gélatine et d'albumine après le développement des épreuves.

Les couleurs végétales et minérales employées dans la peinture à l'huile et dans l'aquarelle peuvent, par mélange, produire des couleurs secondaires. Le bleu et le jaune donnent la couleur verte ; le rouge et le bleu, la couleur violette. On obtient la teinte orange par un mélange de jaune et de rouge.

Ces combinaisons ne sont pas toujours possibles avec les couleurs d'aniline.

Ainsi, pour en donner un exemple, le bleu de

cyanine ne donne pas le vert avec l'aurine. On n'obtient ce ton que par le mélange de la couleur jaune avec les bleus désignés dans l'industrie par les marques B, BB, BBB.

Il faut donc essayer les mélanges pour s'assurer d'avance de la couleur résultante quand on veut produire une couleur secondaire, en combinant le bleu avec le rouge, le jaune avec le bleu, etc.

La nacre et l'ivoire peuvent recevoir une infinité de nuances légères ou accentuées en faisant intervenir l'azotate d'argent. En combinaison avec l'aniline, le sel d'argent développe une gamme de tons qu'on ne trouve pas dans les couleurs dérivées de la houille employées sans cet auxiliaire.

Nous n'avons pas à parler dans cet Ouvrage des procédés de teinture à l'aniline sur soie et sur coton. Ce qu'il nous importe de connaître se borne au rôle des couleurs d'aniline sur les corps résistants opaques et transparents, avec lesquels les principes colorants seront mis en rapport et sur lesquels ils formeront des dessins d'un genre nouveau qui n'ont pas été produits jusqu'ici.

Prenons comme étude une plaque de nacre destinée à la monture d'un éventail ou à la confection d'un porte-monnaie.

Cette nacre, souvent blanche, quelquefois irisée, peut prendre une teinte générale ou locale quelconque dans un bain simple et chaud d'aniline ou dans un bain composé.

Ce ne sont pas les couleurs primitives qui nous préoccupent. Il est évident, en effet, que la fuchsine donnera la couleur rouge, la cyanine ou tout autre produit du même ordre, le ton bleu. On aura le jaune avec la safranine, et le jaune foncé avec l'aurine.

Mais les tons pleins sont peu goûtés dans la décoration des objets de fantaisie qui ressortent des industries dans lesquelles la nacre, l'ivoire et le celluloïd sont employés.

On préfère les teintes pâles, effacées, les nuances éteintes qui, procédant de l'aniline, ne peuvent pas être produites par l'emploi seul des dérivés du goudron de houille.

Ces tons délicats et certaines couleurs de convention, indispensables dans la décoration artistique, s'obtiennent par les combinaisons que nous allons indiquer. Le sel d'argent modifiant l'aniline pénètre dans la matière calcaire, nacre, jaspe, marbre, et s'y fixe solidement en immergeant la pièce portant l'héliographie développée dans le liquide colorant porté à la température de 50° à 100°.

Un bain froid agit plus lentement et dix ou douze heures sont quelquefois nécessaires pour fixer la couleur.

Tout lecteur s'occupant de Photographie doit trouver dans une brochure de ce genre, non seulement la méthode qui permet de reproduire le négatif pour en tirer un contre-type en couleur, mais encore des formules et des éléments précis pour les applications qu'il veut en faire en dehors de la Photographie pure.

C'est surtout à ce point de vue que l'intervention indirecte de la lumière, comme agent secondaire de production, prend une extension qui n'a pas de limite.

D'autres, nous n'en doutons pas, combleront les lacunes nombreuses, inséparables d'une étude qui traite un sujet tout nouveau.

Nous ne pouvons faire connaître ici que les observations qui nous sont personnelles.

Bain développant les couleurs que l'aniline seule ne donne pas.

Cet en-tête demande explication.

L'aniline peut fournir les nuances secondaires dont nous allons indiquer les formules.

Mais ces nuances, qui pourraient être fixées sur la soie, sur la laine, sur la plume et sur le coton, ne seraient pas absorbées par les produits calcaires ou gélatino-calcaires, comme le marbre, le jaspe, l'onyx, la nacre et l'ivoire.

Certaines couleurs même, qui pourraient pénétrer par un bain chaud dans les pores des substances que nous avons nommées, ne pourraient pas être utilisées comme matière colorante.

Les verts d'aniline, par exemple, sont presque tous acides. L'acide qui entre dans leur combinaison, quittant sa base, se porterait sur le produit calcaire qui reçoit la couleur, et il en résulterait d'abord que la couleur d'aniline passant à l'état neutre ou alcalin changerait de ton et que le subjectile calcaire serait attaqué par l'acide libre et perdrait son éclat.

Il faut, dans ce cas, renoncer aux verts d'aniline en cristaux formés de toutes pièces et former la couleur par deux bains successifs : le premier coloré en bleu et le second en jaune.

On voit que ces explications ne sont pas oiseuses. Il importe, avant tout, de prémunir l'opérateur inexpérimenté contre les accidents qui pourraient se produire au cours de ses manipulations.

Couleurs d'aniline.

Les trois éléments de la couleur sont : le rouge, le jaune et le bleu.

Les couleurs élémentaires d'aniline se trouvent toutes préparées par l'industrie.

On choisira comme colorant :

1° *Pour le rouge,* suivant le ton : la chrysaniline, la chrysoïdine, l'éosine, la fuchsine rouge, le pourpre foncé.

2° *Pour le jaune :* la safranine, le jaune d'or, le jaune indien.

3° *Pour le bleu :* la cyanine, les bleus B (la marque BBBB de préférence), le bleu de dyphénylamine.

4° *Pour le violet :* le violet de méthylaniline, le violet Perkins.

Il est indifférent, pour la coloration héliographique des corps opaques, que les couleurs soient ou ne soient pas solubles dans l'alcool.

La couleur qui ne serait pas insoluble dans l'eau sera préalablement dissoute dans quelques centimètres cubes d'alcool. On ajoutera après l'eau nécessaire pour compléter le bain ; mais on n'oubliera pas ce que nous avons dit précédemment au sujet des couleurs acides.

Pour la reproduction des négatifs et pour les vitraux, les couleurs solubles à l'eau et insolubles dans l'alcool ne pourraient pas être employées, non pas comme couleurs nuisibles à l'opération, mais à cause même de leur insolubilité dans l'alcool, qui joue un rôle important comme agent chimique. Nous verrons cependant qu'on peut en tirer parti.

Dans cette seconde application, beaucoup plus importante que la première, il n'y a pas à s'occuper de l'acidité des couleurs. Une couleur acide est sans influence sur le verre qui doit nous servir de support et sur la mixtion dont nous parlons plus loin, qui n'est pas attaquée par l'acide.

Voici maintenant la formule des bains qui donnent les nuances particulières dont nous avons parlé et la manière de les employer.

Formules pour bains spéciaux.

L'azotate d'argent qui entre dans la composition de ces bains, doit être, sans en excepter un seul cas, transformé préalablement en ammoniure. L'eau distillée seule doit servir à dissoudre le sel d'argent.

PRÉPARATION DE L'AMMONIURE D'ARGENT.

Ammoniaque pur liquide . . . . 100^{gr}
Azotate d'argent cristallisé ou fondu.. .   50^{gr}

On introduit le sel d'argent dans un flacon de 200^{gr} à large ouverture et l'on y verse 50^{cc} d'ammoniaque.

Le flacon s'échauffe. Quoiqu'il n'y ait pas grand danger de rupture, il est prudent de poser le verre sur un récipient pour recevoir le liquide en cas d'accident.

Le contact de l'ammoniaque produit un trouble et le liquide se transforme en une masse boueuse qui s'éclaircit peu à peu à mesure qu'on ajoute de l'ammoniaque dans le produit en formation.

La masse grise qui se déposerait au fond du flacon est l'ammoniure d'argent. Ce produit sec et non redissous par un excès d'ammoniaque est un fulminate dangereux.

La préparation est achevée quand, par l'addition successive du liquide alcalin, le contenu du flacon a repris sa transparence et qu'il est devenu aussi limpide que l'eau distillée elle-même.

Dans ces conditions, la solution n'est plus un fulminate, mais un liquide inoffensif qu'on peut manier sans arrière-pensée.

Le résultat ne doit être ni acide, ni alcalin. Il est inutile d'employer le papier tournesol pour constater l'état de l'ammoniure liquide.

On peut s'en assurer par simple inspection.

Si quelques grammes supplémentaires d'azotate d'argent jetés dans le flacon s'y dissolvent sans qu'un nuage gris sale se produise autour des cristaux, le bain est acide. On ajoute alors du sel d'argent jusqu'à l'apparition du voile.

Un trouble trop apparent disparaîtrait en versant dans le flacon quelques gouttes d'ammoniaque. Le liquide est dans ces conditions bon à employer.

Couleur verte. — On obtiendra cette couleur en immergeant l'objet à teindre dans un premier bain de cyanine porté à 75° et on laissera la pièce dans le liquide jusqu'à refroidissement. Ce n'est qu'après lavage que la pièce sera portée dans le bain coloré par l'aurine.

Les verts seront variés de ton suivant la nature des deux couleurs primitives employées pour former la couleur secondaire.

Myrte. — La pièce passera d'abord dans une dissolution bouillante de bleu pris dans les B et, après lavage et refroidissement, dans un bain à 25° d'azotate d'argent.

<pre>
Eau distillée. 100ᶜᶜ
Azotate d'argent. 10ᵍʳ
</pre>

Pour simplifier le dosage du bain d'argent, on formera d'abord une liqueur titrée avec l'ammoniure déjà préparé.

Si nous ajoutons 400ᵍʳ d'eau distillée à l'ammoniure formé par 100ᶜᶜ d'eau distillée et 50ᵍʳ d'argent, nous aurons 500ᵍʳ d'eau et d'ammoniaque tenant en dissolution 50ᵍʳ de sels d'argent. Le titre de l'ammoniure dilué sera donc de 10 pour 100.

Si nous prenons alors 100ᶜᶜ d'eau distillée et 100ᶜᶜ d'ammoniure dilué, nous aurons un bain contenant 10ᵍʳ d'azotate d'argent.

Zéphyr (*violet noir*). — Passer dans un bain d'azotate d'argent à 10 pour 100 à la température bouillante et ensuite dans une dissolution d'aniline bleue de la série B.

Gris perle. — Préparer un bain d'ammoniure de cuivre à 10 pour 100.

Après une immersion d'une heure dans le liquide ammoniacal, la pièce lavée est portée dans le bain d'argent bouillant indiqué dans les formules qui précèdent.

Gris noir. — L'opération est la même que pour le gris perle, mais on opère inversement. On passe d'abord au bain d'argent et l'on plonge ensuite la pièce à décorer dans l'ammoniure de cuivre.

Olive. — Après avoir développé la teinte gris perle, on modifie le ton obtenu par un bain à chaud de deux heures, en prenant comme base colorante le jaune d'or.

Grenat. — Le ton grenat communiqué par l'aniline ne pénètre pas dans les corps peu spongieux. Il ne peut être employé que dans la teinture des matières textiles.

On obtient une belle teinte grenat sur la nacre et par le bain d'argent chaud et par l'immersion de la pièce dans une dissolution de safranine portée au point d'ébullition.

Loutre. — Le bain d'argent à 10 pour 100 produit cette coloration, qui est plus ou moins vigoureuse, suivant la dose plus ou moins grande d'ammoniure d'argent qu'on mêle à l'eau distillée.

Bain préalable, spécial pour l'ivoire, avant la mise en couleur.

L'ivoire, quoique moins dur que la nacre, doit passer par un bain particulier qui le prépare à prendre la couleur.

Cette substance cornée, tirée de la défense de l'éléphant et de l'hippopotame, est composée de phosphate, de carbonate de chaux, d'oxyde de fer, d'eau et de matière organique.

La matière organique entre dans l'ivoire dans la proportion de 7 pour 100.

La combinaison des matières hétérogènes y est à ce point intime, que la matière colorante, à chaud ou à froid, ne la pénètre que superficiellement si l'on n'altère pas la surface du produit sous une faible épaisseur.

On sait que l'ivoire se débite en feuilles, à la scie, dans le sens de la longueur.

Le feuillet séparé n'a pas la même densité du milieu au bord.

Sans le bain de préparation préalable, la coloration ne serait pas égale sur toute la feuille.

C'est sous forme de feuillet que l'ivoire sera le plus souvent employé dans l'application que nous avons en vue.

Les bases calcaires qui forment le produit en majeure partie prennent peu la couleur, tandis que la matière organique l'absorbe et la retient.

Nous avons vu d'autre part que les acides dénaturent les bains de mise en couleur. C'est donc avant et en dehors de ces bains qu'il convient de ramollir les feuilles d'ivoire.

On les laissera digérer pendant cinq ou six minutes dans le mélange suivant :

> Eau . . . . 100^{cc}
> Acide azotique.   3

Ce bain décompose le produit calcaire à la surface qui est seule atteinte.

Il est sans action sur la partie organique.

La partie gélatineuse libre sur une très-faible épaisseur reçoit alors uniformément la couleur.

Il est inutile d'ajouter que la mixtion sensible n'est étendue sur l'ivoire qu'après le séjour du feuillet dans le bain préalable.

Après un premier lavage à l'eau rendue alcaline par l'addition d'une ou deux gouttes d'ammoniaque liquide, on frictionne la surface de la feuille sous le robinet avec un chiffon propre.

Redressement de la nacre.

La nacre et l'ivoire, par les applications qu'on en fait dans les travaux d'art et de fantaisie, alimentent de grandes industries. L'ivoire se débite à la

scie, et la matière première ne subit aucune transformation pour passer dans l'atelier du sculpteur
ou du peintre en miniature. Les feuillets sont
polis au tour.

Il n'en est pas de même de la nacre qu'on tire
de coquillages de toutes formes, donnant, les uns
la nacre blanche, les autres la nacre irisée.

Quand on est étranger à ces industries, on a lieu
de se demander comment, avec des matières brutes
de peu d'étendue et affectant des formes bizarres,
convexes, on peut arriver à transformer ces
formes irrégulières en surfaces planes et hors
mesure avec la matière première qui les fournit.

On est loin de supposer que la partie brillante
reflétant tous les tons soit précisément la partie
extérieure du coquillage qui est terreuse avant le
travail du fabricant.

Les surfaces planes en nacre qui ont quelque
étendue sont formées à l'aide de pièces ajustées
et soudées les unes aux autres avec de la colle de
poisson.

On meule d'abord les pièces en biseau, et c'est
sur ces biseaux qui ont $0^m,01$ de longueur qu'on
applique la colle de poisson dissoute dans l'eau
bouillante en mixtion très épaisse.

Les parties réunies sont maintenues par un fil
enroulé et serré sur la nacre. On chauffe après la
pièce sur la flamme d'une lampe à alcool pour
sécher la colle.

Cette soudure a une très grande solidité, et ce n'est jamais sur le point d'union qu'une cassure se produit.

La colle de poisson est le meilleur colloïde pour réunir les fragments d'une pièce brisée, si l'objet, par sa nature, n'est pas sujet à passer par l'eau chaude.

La nacre, quoique formée en majeure partie de matière calcaire et sujette à se briser comme la porcelaine, se redresse et prend la forme plane comme du bois vert. L'opération est plus délicate, mais la difficulté n'en est pas plus grande.

Voici, à titre de curiosité, comment l'opération du redressement est conduite.

La coquille est d'abord coupée à la scie mécanique en bandelettes plus ou moins grandes, suivant son volume.

Chacune de ces bandes qui forme un demi-cercle est appliquée sur une pièce de bois elliptique formant un arc de cercle renversé. En ne considérant le moule en bois qui sert à redresser la lame de nacre recourbée qu'au point de vue de la courbure, les deux pièces mises en place, nacre et bois, représenteraient deux arcs de cercles tangents par leur centre.

On attache ensuite une ficelle solide aux deux extrémités de la lame de nacre. La corde est serrée à l'aide d'un bâtonnet par torsion en dessous de la pièce en bois.

On ménage la pièce à redresser qui se briserait infailliblement, si l'on prétendait la ramener à sec et lui faire prendre d'un seul coup la courbure inverse du moule.

On tourne les deux bouts de la ficelle réunis en les tordant à l'aide du bâtonnet jusqu'au moment où la nacre se maintient en équilibre par le point central sur la pièce de bois.

On jette alors le tout dans un baquet d'eau chaude. La ficelle, par son rétrécissement dans l'eau, lent et progressif, ramène peu à peu la bande de nacre dans le sens de la courbure inverse du moule, c'est-à-dire de la pièce de bois sous laquelle on enroule la ficelle sur elle-même pour opérer la tension.

Après chaque immersion de cinq ou six minutes et quelquefois d'une demi-heure, on resserre la corde sans excès pour rétablir la pression.

L'ivoire ramolli par l'eau chaude cède et s'abaisse progressivement. Il est donc nécessaire de tordre à chaque reprise la ficelle sur elle-même pour ramener la tension qui force l'arc de cercle à se plier en sens inverse sous l'influence de l'eau chaude.

Par ce traitement, la nacre revient à la ligne droite qu'elle garde. On pourrait même la plier inversement.

On décortique les bandes redressées à la lime et à l'aide d'outils spéciaux.

Quand la gangue rugueuse extérieure a été enlevée, un dernier polissage fait apparaître l'orient, c'est-à-dire les couleurs éclatantes qui varient suivant la nature du coquillage qui fournit la matière brute.

Le coquillage montre le plus souvent ces couleurs brillantes sans qu'il soit nécessaire de les développer; mais les couleurs visibles sont inférieures à celles qu'on met à jour en travaillant la nacre.

L'orient extérieur ne vaut pas l'irisation qui est voilée par l'enveloppe rugueuse.

Aperçu de la méthode.

On a vu, par ce qui précède, les couleurs qu'il faut employer et le mode d'application.

Nous allons expliquer maintenant en quoi ces couleurs peuvent nous être utiles et comment l'héliographie intervient dans nos opérations.

Il s'agit donc dans cette première méthode :

1º De recouvrir le subjectile d'une première couche d'un produit sensible à la lumière.

2º De soustraire ensuite à l'aide d'un dissolvant les parties restées solubles.

3° De teindre en couleurs d'aniline les points mis à nu par le dissolvant.

4° D'enlever enfin les parties insolubilisées par la lumière qui ont résisté à un premier dissolvant par un autre dissolvant plus énergique mais qui soit sans action sur la couleur d'aniline qui constitue le dessin définitif. ·

CHAPITRE II.

Préparation de la mixtion sensible.

On fait dissoudre dans un bain-marie bouillant :

Bitume de Judée. 50ᵍʳ
Cire vierge. 2
Essence de térébenthine rectifiée . 250ᵍʳ
Benzine rectifiée. 250

Ce mélange est agité sans discontinuer pendant tout le temps nécessaire à la dissolution.

La térébenthine et la benzine sont des produits essentiellement inflammables et dangereux à ce point de vue. On aura donc en main le couvercle du bain-marie pour fermer le récipient immédiatement, en cas d'inflammation.

Le vernis en formation, privé d'air, s'éteint instantanément. Il est rare cependant que cet accident, sans conséquence fâcheuse, se produise.

Il faut environ vingt minutes d'ébullition pour dissoudre complètement la partie soluble de la résine minérale et pour l'amalgamer avec la cire.

Ce mélange de résine et de cire est très-sensible

dans les cinq premiers jours qui suivent la préparation du produit. Il peut être utilisé cependant plusieurs mois après en forçant le temps d'exposition à la lumière.

Ce vernis est filtré au sortir du feu pendant qu'il est encore chaud sur une feuille de papier disposée dans un entonnoir.

Cette première épuration est incomplète. On recommence le filtrage quand le liquide est refroidi.

Le flacon de vernis bouché hermétiquement au liège est mis en réserve à l'abri du jour.

Le produit s'épaissit par suite de l'évaporation à mesure qu'il est versé et repris dans la préparation des glaces ou des surfaces calcaires. On le rend dans ce cas plus fluide en y mêlant à froid de la benzine rectifiée.

Il n'est pas nécessaire que la couche une fois sèche présente une grande épaisseur, c'est-à-dire une épaisseur sensible.

Une couche mince exige moins de temps d'insolation qu'une couche double en épaisseur, et, comme il ne s'agit en somme que d'obtenir une héliographie qui n'est pas destinée à la gravure qui exige l'emploi des acides, la moindre couche est une réserve suffisante.

Les couleurs d'aniline même acides ne sauraient en aucune manière attaquer le vernis, c'est le subjectile seul qui pourrait en souffrir.

Opération.

Ce genre de décoration n'est applicable qu'aux surfaces planes ou légèrement concaves et convexes. Les pièces travaillées avec les matériaux dont nous parlons affectent ces formes.

Il y a donc beaucoup à faire comme décor dans ces industries où l'imagination et la fantaisie sont continuellement en éveil.

Le négatif ordinaire détaché du verre sous forme pelliculaire se prête beaucoup mieux qu'on ne le croit à une superposition exacte sur des surfaces, nous ne dirons pas irrégulières, mais sur celles qui ne présentent que des courbures douces et d'une certaine étendue, soit en élévations, soit en dépressions successives et continues.

Voici la méthode à suivre pour assurer le contact exact d'une pellicule sur une surface irrégulière qui n'a pas la planimétrie de la glace.

Nous avons dit ailleurs qu'une couche de caoutchouc versée sur le négatif facilitait le détachement du cliché du verre, et que, grâce à cette couverture molle et souple, il n'y avait aucun risque de déchirer la pellicule qui est protégée, pour plus de sûreté, par une pellicule de collodion normal.

En apportant certaines modifications aux produits employés pour former la pellicule, on obtient un cliché d'une grande souplesse qui pénètre dans tous les replis du subjectile sans troubler la régularité du dessin.

On doute le plus souvent, quand il est question d'applications nouvelles, de la possibilité de l'exécution. On est convaincu cependant que, théoriquement parlant, le résultat ne laisse aucun doute. A la suite d'explications claires, précises et appuyées sur des faits, on devine le résultat ; mais il n'en reste pas moins au fond une arrière-pensée qui fait passer outre, sans tenter l'essai qui amènerait une conviction beaucoup plus fructueuse.

Avant d'indiquer comment on obtient la pellicule souple dont nous parlons, et pour faire naître la persuasion dans l'esprit du lecteur, nous dirons un mot d'une opération analogue que nous avons exécutée industriellement.

Il s'agissait de décorer par milliers des boutons en nacre et en ivoire de toutes formes, les uns bombés, les autres concaves et dont la courbure atteignait les proportions de la demi-sphère.

C'est par le procédé photolithographique que le problème fut résolu. Nous formions d'abord l'héliographie sur pierre lithographique par la méthode à l'albumine que nous avons développée dans un autre Traité, et nous tirions sur la pierre des épreuves de report qui étaient reportées à la presse typographique sur les surfaces courbes en reliefs et en creux, par grosses à la fois, sans accident ni pour le dessin ni pour les pièces qui recevaient le décalque.

Nous employions des feuilles de caoutchouc de $0^m,03$ ou $0^m,04$ d'épaisseur, suivant l'accentuation plus ou moins grande des surfaces courbes.

C'est le même moyen qui nous permettra de juxtaposer exactement le cliché pelliculaire et de le mettre en contact direct avec tous les points de la pièce à décorer, quelles qu'en soient les formes. Si, dans le cas que nous venons de citer, le papier souple et humide prenait sans déchirure exactement la forme de l'objet, par suite de la pression exercée sur le caoutchouc qui se moulait sur la pièce assez vigoureusement pour y déposer le dessin, il est évident que la pression du châssis-presse à vis, qui est plus énergique que celle de la presse typographique et qu'on peut régler à volonté, forcera le négatif à se mouler sur la pièce dans les conditions que nous allons indiquer.

Un travail quelconque qui s'écarte de ce qui se fait communément en Photographie requiert l'emploi d'un outillage spécial qu'on ne trouve pas construit pour la vente immédiate dans les maisons d'accessoires photographiques.

Si simple qu'il soit, on est forcé de le demander au fabricant.

On suppose volontiers qu'on peut faire tout avec rien et qu'un procédé où certains appareils, même sans importance, sont nécessaires, mais qui ne se trouvent pas dans l'atelier ordinaire du photographe, n'est pas une méthode acceptable.

Dans ce cas, il n'y aurait jamais d'innovation, non seulement en Photographie, mais dans toute industrie courante. Nous disons industrie, n'en déplaise à personne, car en dehors de la partie esthétique qui n'est que secondaire, la Photographie qui n'est pas admise au Salon, malgré toutes les facilités qu'il donne aux peintres qui en usent largement, ne vaut ce qu'elle vaut que par le côté industriel. Si, par son double contact avec l'Art et avec la Science, elle devient l'auxiliaire du savant et de l'artiste, c'est surtout par le côté pratique et vulgaire qu'elle grandit et qu'elle prospère.

Elle doit en conséquence se plier, comme les autres industries, aux productions nouvelles qu'on a le droit d'en exiger, et si ces productions ne peuvent pas se faire sans nouveaux appareils, l'industriel photographe doit prendre le soin de les faire construire.

Les décorations sur objets concaves ou convexes ne sont que l'exception dans l'application de cette première partie du procédé; mais, le cas échéant, on donnera la même courbure sur un rayon plus ou moins grand aux pièces qui doivent recevoir une épreuve héliographique d'aniline. Il en sera de même pour les formes ovales.

On fait alors établir par un repousseur, pour qui

ce travail n'est qu'un jeu, une plaque de fonte assez épaisse affectant la forme des objets. C'est sur ce moule que le bombeur de verre façonne en verre épais, par simple ramollissement de la feuille, une glace concave reproduisant la courbure et les dimensions exactes du modèle. La main-d'œuvre est d'un prix minime. Les verres bombés se vendent quelques francs le cent, et cette transformation de surface s'exécute en moins d'une minute. Il n'est donc pas difficile d'avoir des calibres pour chaque dimension. Ce verre bombé remplacera la glace du châssis-presse qui sera modifiée comme nous allons l'expliquer.

La glace du châssis-presse est remplacée par une planchette en chêne dans laquelle on pratique une ouverture ronde ou ovale, suivant la forme et les dimensions du verre bombé qui doit s'y adapter. On ajuste le verre dans l'ouverture et on le fixe extérieurement avec un bourrelet de gutta-percha ramollie dans l'eau chaude, en ayant soin de plonger les doigts dans un peu d'huile pour manier le produit plus facilement.

On frictionne après avec quelques gouttes d'huile l'intérieur du verre et l'on y coule du plâtre à mouler. Le plâtre, qui a pris la forme exacte du creux, est retiré après quelques minutes, quand il a fait prise, et l'on a ainsi le creux en relief qui, replacé au cours de l'opération dans sa forme, s'y ajuste avec toute la précision voulue.

On peut substituer au plâtre une boule de gutta-percha qu'on force par pression, quand elle a été ramollie dans l'eau chaude, à prendre la forme exacte du verre, mais inverse du verre bombé. Le moulage en gutta-percha est préférable. En effet, quand la planchette portant le verre bombé est mise en place, il suffit de ramollir avec un fer chaud la partie supérieure de la gutta-percha qu'on a posée dans le verre qui lui a servi de moule, pour que la planchette qui sert de fermeture s'attache sur la gutta. Dans ces conditions, la partie bombée tombe exactement dans la partie creuse, chaque fois qu'on veut fermer le châssis-presse.

Une seule barrette à vis établit la pression.

Mais le châssis spécial peut être supprimé, le poids seul du verre bombé établit le contact exact entre la pellicule et l'objet.

Il ne s'agit plus, au moment d'insoler, que de placer la pellicule molle dans le creux, et ensuite l'objet dont la forme a servi de type au bombeur de verre. En renversant les pièces sur une surface plane, l'insolation se fera régulièrement à la lumière diffuse.

Le contact des surfaces ne sera exact qu'autant que le verre bombé ne portera pas sur le support, afin que tout le poids du verre fasse pression en tous sens sur la pellicule.

On obtient des pellicules souples et élastiques pouvant prendre les formes dont nous parlons en préparant un collodion très souple. On y arrive en forçant le dosage en alcool et en dissolvant du coton pulvérulent.

En place d'une dissolution de caoutchouc à 10 pour 100, on versera sur le négatif une couche plus dense à 25 pour 100 de caoutchouc, et, après l'évaporation de la benzine, on couvrira le tout de collodion riciné. Le caoutchouc est dissous dans la benzine.

Si l'on veut reproduire le même dessin un certain nombre de fois, on peut coller à la gomme la pellicule dans la partie creuse du verre. La pellicule souple et fraichement préparée s'applique sans faux plis.

La mise en place du cliché pelliculaire est d'une exécution beaucoup plus facile avec les négatifs au gélatinobromure.

Nous avons vu que la couche se détachait sans difficulté du support, si l'on immergeait le verre pendant quelques minutes dans une cuvette en gutta-percha remplie d'eau acidulée par quelques gouttes d'acide fluorhydrique. La couche de gélatine se prête mieux à ce travail. Elle s'étend, moins rigide que le collodion, sous la pression du doigt. Elle peut être fixée sans addition d'eau gommée. On évitera, pour cette application, d'immerger le négatif achevé dans le bain usuel d'alun qui lui ferait perdre une partie de sa souplesse.

Du reste, gélatine ou collodion, la mise en place

de la pellicule sur une surface convexe ou concave est une opération courante que nous faisons chaque jour, en démontrant le procédé de l'émail photographique.

On sait que l'épreuve développée sur une glace plane est reprise à l'aide du collodion pour être reportée sur la face bombée de l'émail, et très souvent pour les vitraux qui passent à la moufle l'image développée sur une surface plane est fixée dans la partie concave du verre bombé, ce qui permet de bénéficier de la glaçure du verre, en préservant de tout contact l'image vitrifiée qui n'a cependant rien à craindre. On voit du reste, à l'étalage des marchands, des photographies fixées sur la face concave du verre bombé.

Préparation des surfaces.

Il n'y a pas de difficulté à étendre le vernis au bitume sur un verre plan. On évite toute irrégularité en posant la glace sur un de ses angles portant sur un double de papier buvard qui absorbe l'excédent du liquide.

On peut, après quelques minutes de repos, sécher la couche sur la flamme d'une lampe à alcool.

Nous recommandons seulement de ne jamais reprendre l'excès de vernis dans le flacon qui doit servir à couvrir d'autres verres et de transvaser, sans filtrer au dernier moment, la partie de la réserve qui doit servir pour la journée.

Ce qui est moins facile, c'est de vernir, avec épaisseur égale, une surface concave ou convexe. On s'y prendra comme on voudra, mais voici comment nous exécutons cette opération délicate.

Que l'on utilise la face convexe ou le côté concave, il importe peu que le verre soit mixtionné à la fois au recto et au verso.

Si nous utilisons le côté convexe, la lumière traversant le négatif fixe dans la partie concave du verre bombé, tombera à pic sur le bitume et insolubilisera le dessin à travers les parties claires du négatif. Au contraire, si nous voulons fixer le dessin à l'aniline sur la partie concave, nous placerons d'abord le négatif souple dans la partie convexe d'un premier verre bombé; nous poserons après le second verre bombé mixtionné sur la pellicule, et nous laisserons arriver la lumière en retournant les verres sur la partie concave. La lumière pénétrant par la face concave et traversant le négatif fixé sur la partie convexe de ce même verre, tombera directement sur la partie convexe du verre mixtionné. Le cliché et le vernis seront directement en contact comme dans le premier cas. Il importera donc peu que le côté opposé soit mixtionné, puisque la lumière n'aura pas à le traverser.

Nous supposons, dans ces explications, que nous voulons former les dessins sur un verre bombé, pour arriver à faire comprendre qu'il n'y a pas d'inconvénient dans l'insolation à ce que le verre soit mixtionné sur les deux faces. Dans ces conditions, il devient très facile d'étendre une couche régulière de bitume, soit sur le recto, soit sur le verso du verre.

L'opération ne serait plus aussi simple s'il fallait réserver un côté.

Qu'il s'agisse de recouvrir des surfaces transparentes ou opaques, le meilleur moyen consiste à plonger le verre, par exemple, entièrement dans le liquide sensible, après l'avoir minutieusement décapé.

On le retire instantanément du bain avec une pince en buis ou en corne et on le pose à plat, la face bombée en dessus, sur une feuille de papier buvard épais pliée en quatre.

La nappe s'écoule régulièrement sur la surface supérieure et sur la surface inférieure. L'excédent absorbé par le papier laisse les bords nets. Les deux côtés peuvent être utilisés indifféremment.

Insolation et développement.

Nous invitons le lecteur qui trouverait trop succinctes les explications que nous donnons dans ce Chapitre, de consulter nos divers Traités de gravure (¹), où le procédé au bitume a été développé et étudié sur toutes ses faces.

Nous nous bornerons à dire ici que l'insolation doit, autant que possible, être faite en plein soleil et durer au moins vingt minutes. Il y a toujours avantage à exagérer la pose. Avec des négatifs noirs et blancs, sans voile, vigoureux, une exposition d'une heure et même de plusieurs heures n'entraîne aucune conséquence fâcheuse. Elle peut durer plusieurs jours à l'ombre, si le temps est couvert. Il faut, dans ce cas, avoir recours au photomètre et déterminer une fois pour toutes, à l'aide d'un négatif vigoureux, à quel numéro du photomètre correspond un développement normal.

Il y a manque d'insolation si la surface bitumée est entraînée entièrement par le dissolvant qui est l'essence de térébenthine, ou si quelques parties de l'épreuve sont enlevées par l'essence.

Avec un temps de pose trop court, le développement commencé dans le dissolvant doit se terminer sous le jet en éventail de la fontaine du laboratoire. La pièce doit être soustraite au contact de l'essence dès que le dessin se montre, et pour éviter les accidents, il sera bon, dès que le développement commence, de plonger immédia-

---

(¹) GEYMET, *Traité pratique de Photogravure sur zinc et sur cuivre.* In-18 jésus; 1886 (Paris, Gauthier-Villars et fils). — *Traité pratique de Gravure héliographique et de Galvanoplastie.* 3ᵉ édition. In-18 jésus; 1885 (Paris, Gauthier-Villars et fils).

tement l'épreuve en voie de développement dans une cuvette remplie d'eau, sur laquelle on fait couler dans toute sa force un robinet à pression, dont le jet est divisé par une pomme d'arrosoir. L'eau bouillonnant dans la cuvette rompt l'équilibre de la nappe dormante et déplace continuellement le liquide sans permettre à la térébenthine de prolonger son action dissolvante sur la surface qui porte le dessin.

Le jet direct sur le bitume, dans le cas d'insuffisance d'insolation, détache souvent les traits délicats qui ne sont que relativement insolubles et que la force de l'eau projetée sur la couche sans l'interposition d'une nappe d'eau entraîne. On comprend, en effet, qu'il ne faut pas brusquer les traits fins que la térébenthine, après la dissolution de la partie entièrement soluble, a minés sur les côtés.

Cette manière d'opérer est la plus rationnelle. On s'en trouvera bien, si on la met en pratique.

Il y a excès d'insolation si le bitume reste pendant un quart de minute au dissolvant. Dans ce cas, on est toujours assuré de développer une excellente héliographie. Il est inutile de se presser, le dissolvant agira graduellement, et le support mixtionné ne sera retiré du dissolvant qu'après le dépouillement complet de l'épreuve. Il arriverait même que certaines parties resteraient voilées, quelle que fût la durée de l'immersion.

On promène, pour enlever le voile ou pour dégager les parties qui restent couvertes, une légère touffe de coton sur la couche qui ne doit pas sortir du dissolvant.

Il ne faut pas exercer de pression. Le coton doit traîner librement sur les parties à éclaircir. On peut se servir d'un pinceau très doux qu'on imbibe d'essence et qu'on passe sur les parties défectueuses.

On s'aperçoit quelquefois, après un dernier lavage, que certaines parties gardent dans les blancs du dessin des traces de bitume. On peut, pour éliminer ce dernier voile qui s'opposerait à la prise de la couleur, verser quelques gouttes d'essence de térébenthine directement sur les parties très complètement dépouillées, mais on n'attendra pas même quelques secondes pour juger de l'effet de l'essence. Aussitôt versée, la térébenthine doit être déplacée par le jet d'eau.

Il est plus sûr de recommencer la même opération, si la térébenthine n'a pas produit la première fois l'effet attendu. On s'exposerait souvent, par un retard de quelques secondes, à perdre l'épreuve qui serait entraînée par l'eau, sur la partie touchée par l'essence.

Après un lavage abondant à l'eau, l'héliographie restera pendant un quart d'heure dans un bain de carbonate de potasse, et quand elle aura été débarrassée des dernières traces du bain alcalin, sous le robinet, on attendra qu'elle soit sèche pour procéder à la mise en couleur.

Retouches.

La retouche est d'une grande simplicité sur une héliographie en bitume qui n'est formée que de traits et dont le support n'a pas à subir l'attaque de l'acide comme les planches en métal destinées à la gravure.

Les corrections se bornent à gratter les parties du fond qui ne seraient pas complètement à nu et à rétablir au pinceau trempé dans le vernis au bitume les quelques traits que le dissolvant aurait pu emporter.

Il est prudent, pendant le développement, de ne pas abuser du dissolvant, quand on juge que les parties voilées ou que les traits incomplètement sortis peuvent être corrigés facilement à la pointe ou au grattoir.

Quelle que soit l'habileté de l'opérateur et l'excellence de la méthode, il faut toujours s'attendre à des corrections ultérieures. Il n'y a donc pas lieu de recommencer une héliographie ni un résultat quelconque photographique si l'on juge que les imperfections qui déparent l'épreuve peuvent disparaître à la retouche sans trop de travail et sans nuire à la valeur du résultat.

Il ne faudrait pas tenter de substituer, dans la

retouche, le vernis à la gomme-laque qu'on emploie indifféremment sur les planches de métal qui passent par l'acide.

Il n'y a aucun inconvénient en effet de se servir de gomme sur une planche de métal. Cette résine qui résiste à la benzine est enlevée après la gravure avec un chiffon imbibé d'alcool.

On ne pourrait pas employer ce dissolvant sur les plaques teintes par l'aniline. La couleur qui forme le dessin serait dissoute par l'alcool et l'épreuve serait perdue.

Mise en couleur de l'épreuve.

Les surfaces planes seront mises en couleur dans une cuvette en fonte émaillée pareille à celles qui sont en usage en platinotypie.

Les cuvettes en porcelaine ordinaire pourraient servir si elles pouvaient supporter le feu, car les bains dans ce premier procédé doivent atteindre le plus souvent la température de l'eau bouillante.

Les cuvettes en porcelaine sont sujettes à se briser quand le foyer n'est pas assez étendu pour en chauffer régulièrement toute la surface inférieure.

Un vase émaillé plus profond remplace la cuvette dans les cas particuliers.

Nous avons donné les formules de bains colo=

rants dans un Chapitre précédent. Nous rappellerons ici qu'il faut choisir les couleurs neutres pour la coloration de la nacre, du jaspe, du marbre et de toutes les substances calcaires. Une couleur acide peut servir pour colorer le celluloïd qui est un produit résineux.

Nous n'avons en vue dans cet écrit que les menus objets de fantaisie connus sous le nom d'articles de Paris. Mais le procédé serait applicable aux pièces de grandes dimensions, et le marbrier pourrait tirer un parti utile du procédé pour la gravure des inscriptions et des menus détails qui sont travaillés à la main dans l'atelier. Dans ce cas, on graverait le marbre à la manière de l'imprimeur qui fait mordre la pierre lithographique à l'acide.

La couleur à l'eau ou à l'alcool serait remplacée par un vernis d'alcool coloré, sur lequel la benzine qui sert à dissoudre le fond n'a pas de prise.

Nous n'insistons pas pour rester dans notre cadre, c'est dans nos Traités de gravure ([1]) qu'on trouvera de plus amples renseignements.

Les couleurs d'aniline à chaud pénètrent suffisamment les corps dont nous parlons et s'y fixent assez solidement pour rendre le creux inutile.

On peut toutefois graver certaines parties du dessin pour modifier la tonalité de la teinte et donner plus de vigueur aux grandes ombres.

[1] Paris. Gauthier-Villars et fils.

C'est au pinceau qu'on pose la couleur délayée d'abord à l'alcool et versée ensuite dans un vernis de même nature. Cette addition doit être faite quand la teinte générale a été communiquée à la pièce et avant de dissoudre la couche de bitume qui fait réserve sur le fond.

L'ivoire et la nacre surtout, qui est d'une texture plus serrée, prendraient mal la couleur et ne recevraient qu'une coloration superficielle, sans pénétration et sans solidité dans un bain d'aniline froid. Les pièces ne supporteraient point les lavages nécessaires pour entraîner l'excès de couleur qui ne s'est pas fixé sur la pièce.

On verse donc le bain préparé dans la cuvette en fonte émaillée qu'on pose sur un foyer quelconque et l'on attend le point d'ébullition pour y introduire la pièce à teindre.

Il est bon, quand on le peut, d'exposer l'héliographie en plein soleil pendant un temps plus ou moins long pour rendre le bitume complètement insoluble. A défaut de lumière, on chauffera la pièce avant de l'introduire dans le bain colorant. On évite ainsi le ramollissement du bitume, qui aurait tendance à se désagréger, quand il est nécessaire, pour rendre les teintes douces, énergiques et solides, de les laisser quelquefois plusieurs heures dans l'aniline chaude.

Soit qu'on emploie le bain simple d'aniline ou le bain composé d'azotate d'argent et d'aniline, c'est à l'inspection seule de la pièce qu'on peut juger si le bain a produit tout son effet. Il n'y a pas de règles précises à donner.

Nous avons une observation à faire au sujet de l'ivoire.

Les feuilles d'ivoire se déforment en passant dans les bains et prennent, en séchant, la forme demi-cylindrique. On les met sous pression quand l'opération est terminée et qu'on a effectué le dernier lavage. Elles reprennent en séchant leur forme première. Le même accident se produit avec la corne, qu'on traite alors comme l'ivoire pour la redresser.

Il pourrait paraître étrange à quelques lecteurs, aux photographes surtout, qu'un Livre de Photographie puisse s'écarter ainsi de son point de départ et toucher à des questions qu'ils jugent tout à fait étrangères à la partie que nous traitons, et en dehors de l'invention de Daguerre.

Nous pensons tout le contraire, et nous sommes bien certains de rester dans les limites photographiques sans les dépasser, en portant l'objectif dans les ateliers de toute industrie s'il peut y rendre quelque service.

Depuis l'apparition du gélatinobromure, le nombre des amateurs est centuplé, et nous avons remarqué avec satisfaction (et il faut être de la partie pour faire ces observations) que les artisans, les gens de métier, ont une prédilection marquée pour cette distraction, qui est mise aujourd'hui à la portée de toutes les bourses.

La raison en est simple. L'homme intelligent qui exerce une profession, ne cherche pas dans le cabinet noir un simple passe-temps. Il sent, quelle que soit son industrie, qu'au fond la Photographie pourra lui venir en aide pour simplifier et pour perfectionner certains travaux qui lui prennent trop de temps à une époque exceptionnelle de concurrence.

Il en faut peu aujourd'hui pour qu'une maison en prime une autre mieux installée et plus importante. Une nuance nouvelle, un tour de main heureux, une application inédite, une nouveauté sérieuse ou futile, deviennent, plus souvent qu'on ne le croit, le levier de la fortune. Nous en avons de nombreux exemples.

C'est à ce point de vue qu'il est bon d'insister sur tout ce qui peut être fait ou perfectionné par l'entremise de la Photographie.

Aussi, les Livres de ce genre qui n'étaient lus, il y a peu d'années, que dans les maisons dorées, se trouvent maintenant dans la main de l'ouvrier et sur cet établi d'où sortent toutes ces créations nouvelles qui font la richesse d'un pays.

Si peu que vous vous soyez adonné aux recherches, rapportez-vous-en à vous-même, et souvenez-vous avec quelle ardeur fébrile vous avez mis la main sur un Ouvrage où vous pensiez trouver une seule ligne, une indication quelconque capable de vous mettre sur la voie.

Tout n'est pas filon dans un Livre, il faut souvent déblayer pour rencontrer une pépite : c'est le sort du mineur et du chercheur. C'est souvent dans l'entassement de pierres sans valeur extraites de la mine, où le banquier ne voit rien reluire, que le naturaliste prend à mains pleines.

Bains divers préparés avec les couleurs végétales.

Voici quelques formules qui seront utiles pour préparer les principales couleurs avec les produits autres que l'aniline.

Il ne suffit pas, avec les matières végétales, de mêler le produit colorant à l'eau pour obtenir, sans manipulations, un bain tout prêt pour la mise en couleur de l'épreuve héliographique.

Les éléments qui ne dérivent pas de l'aniline ne donnent la couleur qu'à la suite des réactions que nous allons faire connaître.

L'emploi de la chaleur est le plus souvent nécessaire pour préparer les bains où la couleur ne se développe que par la combinaison des sels chimiques réagissant sur la matière organique.

Ces couleurs à l'eau n'ont pas l'énergie de l'aniline. Le pouvoir colorant en est toujours plus faible, quel que soit le ton produit.

Cette infériorité nécessite, après le filtrage, une seconde opération qui a pour but de réduire, par l'évaporation, le liquide colorant en suspens dans une quantité d'eau trop grande.

On évapore le liquide en y plongeant de temps en temps un agitateur en verre pour se rendre compte, par transparence, de la vigueur du ton, et l'on retire le vase du feu quand l'évaporation a resserré la teinte.

BAIN DE COULEUR BLEUE A L'INDIGO.

Indigo en poudre.	2ᵉʳ50
Acide sulfurique	8ᶜᶜ
Eau ordinaire.	200

L'indigo et l'acide sulfurique sont chauffés dans un ballon en verre de Bohême sur un feu très doux; on n'ajoute d'eau qu'après la dissolution entière de l'indigo.

L'eau ne peut pas être introduite à froid dans le vase. Il y aurait rupture. On la chauffe préalablement à 30° ou 40° et on la verse peu à peu, en agitant le ballon circulairement et sans secousse violente.

Cette couleur serait trop acide pour l'emploi que nous en voulons faire.

On la rend neutre en y ajoutant, après refroidissement et avant de filtrer, de l'ammoniaque liquide goutte à goutte. On s'arrête quand le papier tournesol n'est plus coloré en rouge.

BAIN AU BLEU DE PRUSSE.

Bleu de Prusse. 10gr
Acide oxalique 10
Eau. 20cc

Le bleu de Prusse du commerce n'est pas toujours soluble dans l'acide oxalique. On ne peut employer que le produit qui cède à ce dissolvant.

Le bain se prépare à chaud, dans une capsule en porcelaine ou dans un ballon. On le rend neutre par l'ammoniaque liquide, comme il a été dit précédemment.

BAIN ROUGE AU CARMIN.

Carmine 1gr
Ammoniaque liquide. . . . . 2 ,50
Eau. 25cc

Le bain est rouge cramoisi. En ajoutant quelques gouttes d'acide, le ton vire au jaune. La potasse, la soude transforment le cramoisi en violet. Les sels acides de ces bases les font virer à l'écarlate.

BAIN ROUGE AU BOIS DE BRÉSIL.

Alun 10gr
Bois de Brésil. 15
Alcool à 40°. 40cc

On fait macérer pendant deux ou trois jours le bois de Brésil dans l'alcool, qui s'empare de toute la matière colorante.

L'alun est ajouté quand le liquide est filtré. Le

bois de Brésil traité par l'acide pyroligneux ou par l'eau ne fournit pas une couleur assez intense.

BAIN VIOLET.

Acétate de protoxyde de manganèse .	0^{gr},30
Extrait de campêche.	16
Vinaigre	500^{cc}
Eau distillée	500

L'extrait est dissous dans le vinaigre de vin. On ajoute ensuite l'eau et enfin l'acétate de manganèse. La couleur est plus vigoureuse en doublant la dose des deux produits solides.

AUTRE BAIN VIOLET.

Le ton violet peut être obtenu en plongeant l'héliographie dans une dissolution de permanganate de potasse.

BAIN VERT.

On obtient une belle couleur verte en mélangeant deux solutions :

L'une de carmin d'indigo,

L'autre de picrate de soude.

BAIN JAUNE ORANGE.

Gomme-gutte.	10^{gr}
Safran sec	10
Eau.	25^{cc}

Le bain jaune peut être préparé avec la graine d'Avignon.

Graine d'Avignon . . . . 55ᵍ·
Alun. 2
Eau. 130ᶜᶜ

On laisse bouillir la graine d'Avignon pendant quelques heures dans les 130ᶜᶜ d'eau, qu'on renouvelle à mesure de l'évaporation. Le feu doit être arrêté quand le liquide est réduit à 50ᶜᶜ.

CHAPITRE III.

Préliminaires.

Nous entrons dans cette seconde Partie dans un ordre d'idées différent. Ce système tient de plus près à la Photographie. Les épreuves seront développées sur verre ou sur glace. C'est surtout par ce côté que la méthode a quelque importance, puisqu'elle nous permet de multiplier les épreuves positives transparentes, qui peuvent alors servir pour reconstituer le négatif original avec fond jaune, rouge, orange, couleurs antiphotogéniques qui arrètent complètement la lumière blanche.

Ces négatifs, qu'on n'obtient pas par les procédés photographiques ordinaires, ont une grande importance par suite de leur utilité dans tous les systèmes de gravure au trait.

On peut, il est vrai, faire de très bons négatifs par les procédés connus que nous avons décrits; mais, par expérience, nous donnons la préférence au mode de production qui fait l'objet de cette étude.

Nous sommes persuadé que l'attention se portera sur les clichés positifs formant vitraux qui empruntent un éclat inusité aux couleurs d'aniline de toutes nuances, et qui font de ces transparents une application qui prouve, une fois de plus, que la Photographie n'est jamais à bout de ressources.

Il importe peu, dans cette deuxième application. que les couleurs d'aniline soient acides ou alcalines. On choisira pour former les négatifs les couleurs rouges ou jaunes, mais les couleurs rouges de préférence qui fournissent la teinte la plus intense. L'aniline noire soluble à l'alcool peut être substituée au rouge.

Toutes les nuances, sans exception, se prêtent à la formation des vitraux, à condition que les couleurs soient solubles dans l'alcool.

Nous avons déjà dit que l'alcool n'était pas seulement employé comme dissolvant, mais qu'il avait un large apport dans l'exécution. On verra plus loin que cette règle n'est pas absolue.

Le bitume de Judée est exclu de cette méthode. C'est l'albumine qui nous vient en aide et qui joue le principal rôle.

Fixons en quelques mots la méthode opératoire, et voyons en même temps ce que nous avons l'intention de faire.

Nous allons d'abord couvrir un verre ou une glace d'une couche d'albumine sensible qui sera exposée à la lumière diffuse sur un négatif de trait.

Nous dissoudrons ensuite dans l'eau fraîche ce qui ne sera pas insolubilisé sur le verre, et nous mettrons l'épreuve en couleur dans un bain d'aniline à l'alcool ou à l'eau bouillante, suivant le cas.

La dernière opération consistera à laver largement le verre pour enlever la couleur qui ne sera pas retenue dans les pores de l'albumine coagulée par l'alcool ou par l'eau chaude.

Il n'a pas fallu certainement une grande tension d'esprit pour trouver ce procédé. L'imagination rencontre souvent mieux. Mais les épreuves que l'on développe ont un caractère de nouveauté si étrange et un aspect si riche qu'il nous a paru opportun de publier ces notes, non pas précisément comme une distraction nouvelle offerte à l'amateur, mais à cause des applications industrielles qui peuvent en sortir.

Préparation de la mixtion.

On fait dissoudre 5^{gr} de gomme arabique vraie dans 100^{cc} d'eau distillée.

La gomme pulvérisée est mise la veille de

l'opération dans un flacon à part. On la filtre le lendemain.

On introduit en même temps 25^{gr} d'albumine des œufs dans un second flacon, ou mieux dans un vase à large ouverture pour retrouver le lendemain le produit non dissous, mais ramolli et tout prêt à être émulsionné.

On a d'une part :

    1. Eau distillée . . . . 100^{cc}
       Gomme arabique . . . .   5^{gr}

et de l'autre :

    2. Eau distillée . . . . 100^{cc}
       Albumine des œufs . . . .   25^{gr}

On fait dissoudre au moment de préparer l'émulsion :

    3. Bichromate d'ammoniaque . . . .   2^{gr},50
       Bichromate de potasse. . . . .   2 ,50
       Eau distillée . . . .   50^{cc}

Le n° 1 et le n° 2 sont versés et mêlés ensemble dans une terrine évasée, large et profonde, et l'on émulsionne les deux liquides en les battant à la fourchette ou avec l'appareil spécial.

On verse en commençant l'opération un quart des 50^{gr} de la solution du bichromate d'ammoniaque et du bichromate de potasse.

Le produit doit être fatigué jusqu'à sa transformation en mousse épaisse et solide.

La partie émulsionnée est enlevée à mesure avec la fourchette, et l'on ajoute jusqu'à épuisement la solution sensibilisatrice des sels de chrome. Il ne faut, d'aucune façon, mêler à la partie émulsionnée qu'on a mise à part dans un second vase ce qui pourrait rester au fond du premier en albumine liquide.

On prend son temps et l'on émulsionne jusqu'à la dernière goutte la dissolution de gomme et d'albumine. On lave à l'eau fraîche le premier vase, quand tout le produit a été transporté dans le second.

Si ce travail se fait le soir, on trouve le lendemain matin l'émulsion affaissée et l'on passe la partie liquide dans le premier récipient où l'albumine a été battue la veille.

Cette première épuration ne donne pas encore un produit assez pur. Le produit reste laiteux parce qu'il contient encore beaucoup de fibrine.

On reprend le battage une seconde fois, mais sans addition de bichromate, bien entendu, en opérant exactement comme la veille.

On enlève également à la fourchette la mousse à mesure qu'elle se forme, et l'on peut remarquer que cette nouvelle mousse qui doit fournir l'albumine presque à l'état de pureté a beaucoup plus de moelleux et de finesse.

L'albumine qui s'est déposée au fond après quelques heures de repos, est mise en flacon, puis filtrée à trois reprises différentes. Ce n'est qu'au dernier filtrage que le liquide, louche jusqu'alors, devient transparent comme le collodion photographique.

Si l'on ne reprenait pas à la fourchette l'albumine fouettée une première fois, non seulement le produit serait impur, mais on n'arriverait pas à le faire passer à travers les filtres en papier qui s'engorgeraient au bout de trois ou quatre minutes, et il faut absolument que ce liquide soit filtré, non pas sur une mousseline, mais comme nous venons de l'indiquer.

Cette émulsion donne des résultats égaux, précis, toujours les mêmes, pendant quatre ou cinq jours. Les épreuves ont une très grande pureté dans le trait. Elle peut lutter avec le collodion.

Après ce temps, le sel de chrome agit chaque jour d'une manière sensible sur le produit qui perd une partie de ses propriétés.

On doit alors y ajouter quelques gouttes de bichromate à 5 pour 100 d'eau. Cette addition rend à l'albumine la sensibilité qu'elle a perdue en partie, mais l'obtention d'un positif irréprochable devient alors l'exception. L'épreuve laisse presque toujours à désirer sur quelques points.

Nous conseillons de préparer de l'albumine fraîche et de l'employer le plus tôt possible. On est alors assuré du résultat en tenant compte des observations qui nous restent à faire.

Ce produit fraîchement préparé n'est pas sujet. comme le collodion, à des variations dont il est souvent difficile de se rendre compte. C'est, en général, le bain d'argent trop chargé d'iodure. trop acide ou trop alcalin, qui est la cause première des désordres inhérents à ce système. Quelquefois le bain est d'un dosage trop faible en argent, souvent le titre en est trop élevé par suite de l'évaporation du liquide.

Ces accidents ne se produisent pas et ne peuvent pas avoir lieu avec l'albumine sensible, qui est formée de toutes pièces et qui n'a rien à emprunter à des bains supplémentaires.

Les résultats sont, en conséquence, toujours assurés à la seule condition qu'on se serve d'un produit fraîchement préparé.

Couverture des verres.

La formule d'albumine qui précède n'est plus en rapport, comme dosage, avec celle que nous avons indiquée pour d'autres applications.

Il faut une quantité beaucoup plus grande d'albumine. La vigueur des vitraux et des négatifs est en rapport avec la couche plus ou moins épaisse de la mixtion.

La gomme intervient dans la formule pour rendre la mixtion plus spongieuse. ce qui permet à la couleur de pénétrer la couche entière qui n'est pas tout à fait insoluble après l'insolation, quoiqu'elle soit capable de résister au lavage, qui ne dissout que les parties qui n'ont pas été touchées par la lumière.

Malgré son épaisseur, la mixtion s'étend assez bien sur les glaces.

Ce produit est comme la gélatine, très peu sensible à la lumière à l'état humide, mais la sensibilité en est très grande quand la couche est sèche. Aussi faut-il, comme dans l'emploi du collodion, se mettre à l'abri du jour pour préparer les glaces.

Il n'est pas nécessaire que le cabinet noir soit éclairé à la lumière rouge, le rayon jaune n'a pas d'influence sur la couche.

L'écueil, c'est la poussière. On a le soin, avant de couvrir les glaces, d'arroser le cabinet obscur, et l'on évite de déplacer des objets volumineux quelques heures avant d'opérer.

Il ne faut pas négliger de passer le blaireau sur les verres avant de les couvrir, si bien qu'ils aient été nettoyés.

L'excès d'albumine qu'on reprend est reçu dans un flacon auxiliaire à large ouverture surmonté d'un entonnoir garni d'un filtre en papier. L'albumine ainsi récoltée peut être employée sans l'additionner d'eau pour la rendre plus fluide. Elle ne s'évapore pas comme le collodion, et l'on peut prendre tout son temps pour couvrir les plaques sans craindre que le produit ne sèche.

L'albumine est versée dans le haut du verre. On l'aide à descendre et à couler en nappe régulière, soit avec le doigt pour les petites surfaces, soit à l'aide d'un triangle en carton, si les verres à mixtionner ont des proportions plus grandes. On pose les verres mesurant par exemple 50×60 sur une table d'aplomb, et l'on promène la mixtion avec le triangle jusqu'à ce que toute la surface du verre en soit régulièrement couverte. Nous recommandons de donner une grande attention à cette opération. L'albumine ne glissant pas sur la surface du verre comme le collodion, il est rare qu'on ne laisse pas quelque place vide.

On incline la glace avant de procéder au séchage. On distingue aisément les parties dénudées sous un jour oblique. On comprend que le dessin serait tronqué là où l'albumine ferait défaut.

On ne pourrait pas mixtionner une douzaine de glaces, comme on le fait avec la mixtion de gélatinobromure, et leur laisser le temps de prendre.

Chaque surface doit être séchée aussitôt après la préparation. Abandonné à lui-même, il serait couvert de cristallisation après quelques minutes et le verre n'aurait sa place qu'au rebut.

On s'occupe donc de séchage dès que l'excédent a été repris et qu'on s'est assuré qu'il n'existe pas de lacune dans la nappe sensible.

La couche doit perdre toute trace d'humidité sans passer par le feu. L'étuve n'a rien à faire dans ce procédé.

Pendant l'hiver, le cabinet obscur ne doit être chauffé qu'à la température moyenne : 25°.

Il ne faudrait, sous aucun prétexte, passer le verre mixtionné au-dessus d'une lampe à alcool pour activer la dessiccation de l'angle d'écoulement où l'humidité persiste plus longtemps qu'ailleurs.

On aura soin encore de ne poser sur les négatifs que des verres complètement secs. On s'en assure en passant le doigt le long de l'arête inférieure du verre, et il faut attendre si l'on sent que le doigt reste humide.

Par excès de précaution, on passe l'index dans le talc et on le glisse le long de l'arête inférieure sans empiéter sur la couche ; le peu de talc qui s'attache au verre s'oppose à l'adhérence des deux surfaces superposées, si par hasard l'albumine, qui est un excellent colloïde, gardait encore quelques traces d'humidité.

Voici comment les verres sont séchés. Il faut environ dix minutes pour amener une glace 18×24 à l'état sec.

On se sert d'une feuille de carton souple qui projette l'air sur la surface humide. On agite dans tous les sens cet éventail improvisé, comme le fait le lithographe sur la pierre.

Cette manœuvre active l'évaporation plus qu'on ne pourrait croire; c'est, du reste, le seul moyen d'atteindre le but sans employer la chaleur.

L'évaporation est assez rapide pour que la cristallisation n'ait pas le temps de se produire.

Une fois sèches, les glaces peuvent attendre, à condition que la lumière blanche n'arrive pas jusqu'à elles.

Il faut se défier continuellement de la lumière jusqu'après le développement.

Voici la raison pour laquelle cette mixtion sensible ne peut pas être séchée par le feu comme la couche de gélatine :

La gélatine se dissout dans l'eau chaude, et l'eau chaude produit l'effet contraire sur l'albumine. Elle la coagule. On ne peut dissoudre l'albumine que dans l'eau froide.

Sur une couche de gélatine insolée, l'eau chaude ne désagrège que les parties qui n'ont pas été oxydées par la lumière.

Si l'on prétendait traiter de la même manière une couche d'albumine, le résultat serait nul. La partie insolée ne serait pas soluble et la chaleur de l'eau insolubiliserait, en les coagulant, les parties qui n'auraient pas vu la lumière. On voit qu'il ne serait pas possible de développer une épreuve si l'on voulait soumettre l'albumine au traitement qui donne le résultat avec la gélatine.

Il suit de ce qui vient d'être exposé qu'une

couche d'albumine qui aurait été séchée à la chaleur serait insoluble dans toute son étendue avant même d'être exposée à la lumière, et que cette couche ne saurait donner aucune épreuve, puisqu'il n'y aurait pas de développement possible.

Les choses se passent autrement quand le séchage se fait à la température ordinaire. L'albumine, quoique sèche, reste soluble dans l'eau ordinaire dans toute l'étendue de la surface.

Si nous plongeons la glace dans l'eau fraîche après insolation sur un négatif, les parties seules que la lumière aura touchées seront insolubles dans l'eau ordinaire, mais les points abrités du jour resteront solubles dans l'eau au même degré qu'avant l'insolation. L'épreuve sera donc formée par les lignes insolubles qui résisteront à l'eau, et c'est sur ces parties seules que la matière colorante se fixera, puisque l'aniline dissoute dans l'alcool ne saurait pénétrer le support. La couleur glissera sans s'attacher au verre. L'albumine seule donnera prise à la coloration.

La couleur qui aura l'alcool pour véhicule ne pourra plus, malgré les lavages, se détacher du dessin, puisque l'alcool lui-même lui fermera les issues en coagulant la mixtion qui n'avait été qu'incomplètement insolubilisée par la lumière.

Élimination de la poussière et des bulles d'air.

Malgré tous les soins apportés à la préparation des glaces et quelque attention qu'on donne à l'extension de l'albumine pour éviter les bulles d'air et la poussière, il est à peu près certain que ces accidents ne seront pas complètement évités.

Le meilleur moyen de chasser les bulles qui se sont produites, soit en versant la mixtion sur les glaces, soit en l'étendant avec le triangle, c'est de souffler sur la partie du verre où la bulle se produit et de la ramener vers le bord par la pression de l'air.

Cette chasse à la bulle est beaucoup plus aisée sur la couche d'albumine que sur la couche de gélatine.

On enlève au doigt celles qui résistent au souffle. L'albumine n'est pas sujette à se coaguler à l'air libre. Il n'y a pas de refroidissement à craindre. On est donc à l'aise pour ramener les bulles du centre sur l'arête du verre sans se presser.

Il est moins aisé d'éviter la poussière légère qui tombe on ne sait d'où et qui semble se précipiter sur le verre de préférence.

Si l'on porte dans le cabinet noir un grand vase rempli d'eau assez chaude pour laisser échapper des vapeurs en abondance pendant la couverture des verres, la poussière répandue dans l'air ambiant est absorbée par la vapeur d'eau et les couches sont beaucoup plus nettes.

Il ne faut pas, du reste, trop s'alarmer par avance à la vue des grains de poussière légers qui déparent le glacé de la couche. Il n'en reste le plus souvent pas de trace après le développement et l'épreuve n'en souffre pas après la mise en couleur.

Nous venons de parler du glacé de la couche. Nous devons prévenir que la surface des verres préparés n'est pas toujours brillante. Le luisant indique souvent que l'albumine dont on se sert est trop vieille et qu'elle porte déjà en elle-même un germe d'insolubilité.

Il ne faut pas s'inquiéter si l'albumine préparée de la veille laisse sur le verre une surface rugueuse, inégale, désagréable à l'œil. Ce verre, qu'on n'insole qu'à regret, donne cependant de fort belles épreuves. Ce n'est qu'après deux ou trois jours que l'albumine prend du brillant en séchant, jusqu'à l'épuisement du flacon.

Les couches mates sont excessivement sensibles et n'exigent que très peu de pose.

Il peut se faire cependant que les défectuosités de la mixtion en couche sèche proviennent d'un défaut ou mieux du manque d'énergie de la fourchette dans la préparation de l'albumine. Ces désordres visibles sont dus, dans ce cas, à la fibrine qui n'a pas été suffisamment éliminée. Il serait difficile d'obtenir de bonnes épreuves dans ces conditions.

Mais en fatiguant l'albumine à deux reprises, comme nous l'avons indiqué, les couches rugueuses ne seront telles que parce que le produit est de préparation récente, et le résultat confirmera ce que nous avançons.

CHAPITRE IV.

Insolation.

La couche d'albumine bichromatée est très sensible.

Avec de bons négatifs vigoureux dans les noirs et sans voile sur les parties transparentes, le temps d'insolation peut être réglé sans photomètre et sans erreur possible par les données qui suivent :

Au soleil, l'albumine est insolubilisée en trois secondes en été. On prolongera l'exposition de deux secondes en hiver.

Mais l'exposition aux rayons directs ne convient pas à l'albumine. La lumière diffuse est de beaucoup préférable à tous les points de vue, surtout lorsque les clichés positifs ou négatifs ne sont pas assez vigoureux pour s'opposer d'une manière absolue au passage de la lumière.

Il suffit, en effet, que les blancs soient légèrement touchés pour que l'épreuve sorte voilée du bain de développement. Il est rare que l'exposition en plein soleil n'entraîne pas cet accident, qui n'est jamais à craindre si l'insolation se fait à l'ombre.

On peut, à la lumière diffuse, produire d'excellents vitraux et des négatifs supérieurs au type, même avec des clichés dont l'intensité laisse à désirer.

Avec une albumine de deux ou trois jours, par un temps clair, la pose ne dépasse pas quatre ou cinq minutes. Si le ciel est couvert, elle peut durer de quinze à vingt-cinq minutes.

On arrive, par une exposition d'une heure, quel que soit l'état de la lumière, à insolubiliser suffisamment la couche sensible pour faciliter le développement d'une bonne épreuve.

Nous supposons, en fixant ces temps d'insolation, que la préparation de l'albumine qu'on emploie ne remonte pas à plus de deux jours et de trois au maximum.

Il n'y a pas de règles à donner avec un produit qui ne serait pas dans les conditions dont nous parlons, et qui, même en réserve dans une pièce obscure, serait altéré par la seule présence du bichromate d'ammoniaque qui l'oxyde d'heure en heure et qui lui fait perdre une grande partie de solubilité dans l'eau, quand il redevient sec.

Il est impossible avec une albumine rassise de déterminer le temps nécessaire pour l'insolation. On ne peut pas davantage régler la durée du développement.

Nous avons cependant fait de nombreux essais dans ces conditions défavorables. Nous avons même développé quelques bonnes épreuves, mais nous ne conseillerons pas de tenter ces essais en dehors d'un travail d'étude et d'observation.

On peut à la rigueur se risquer dans un cas forcé, si le temps fait défaut, pour émulsionner de l'albumine fraîche, en rendant l'albumine rassise plus soluble par l'addition de quelques gouttes d'eau distillée saturée de bichromate d'ammoniaque.

Développement.

Au sortir du châssis-presse, on procède au développement en plongeant le verre insolé dans une cuve large et profonde et, à défaut, dans une cuvette correspondant par ses dimensions à celles des glaces qui portent l'épreuve latente.

Après trois ou quatre minutes, toute l'albumine soluble est dissoute. Le dessin fixé par la lumière résiste seul au dissolvant.

L'opération serait délicate si le résultat dépendait de l'habileté de l'opérateur. Mais le dégagement de l'épreuve suit une marche régulière, assurée, sans qu'il soit nécessaire de venir à l'aide du dissolvant qui opère par lui-même et toujours avec précision.

Dans les conditions normales, on retire la glace de la cuvette, quand les trois minutes sont écoulées, sans se préocuper autrement de l'épreuve.

On ne peut pas suivre des yeux le progrès du développement comme dans les autres procédés de Photographie. Ce n'est qu'en inclinant la cuvette sous un certain angle que l'épreuve se montre et tranche sur le fond par un reflet plus vif.

Hors de la nappe d'eau, le verre humide ne laisse voir aucune trace d'image. Ce n'est qu'à l'état sec que le dessin se détache du fond et qu'on en étudie tous les contours par le relief léger de l'albumine.

On ne peut pas cependant retarder la mise en couleur. L'épreuve doit recevoir l'aniline à l'état humide dès qu'on la retire de la cuvette pleine d'eau, qui a dissous l'albumine soluble et avant qu'on ait pu s'assurer de la valeur de l'épreuve, puisqu'on ne peut en juger qu'à l'état sec.

Dans tout autre procédé, on serait exposé à bien des mécomptes si le développement était livré à lui-même sans l'intervention de l'opérateur, qui en règle la marche et l'arrête à temps et qui apprécie s'il doit en prolonger la durée.

Nous n'avons pas à craindre avec l'albumine les accidents de toute nature qui se produisent infailliblement à ce moment de l'opération, si l'épreuve insolée est traitée par une main inexpérimentée. Les réactifs, dans les procédés ordinaires, sont appelés à compléter la réduction opérée par la lumière, en augmentant ou en réduisant l'effet produit.

Nous ne sommes pas dans les mêmes conditions avec la couche d'albumine. Il n'y a que deux alternatives :

La lumière insolubilise la couche, ou la couche reste soluble par manque d'insolation. Dans le premier cas, qui est le cas commun à tous les procédés, l'opération est à recommencer; dans le second, au contraire, où les autres méthodes n'ont que des palliatifs, le procédé à l'albumine offre des ressources assurées pour remédier à l'excès de pose. Les voiles sont éliminés par friction et sans danger pour l'épreuve.

En se conformant du reste aux temps de pose que nous avons indiqués, et en employant l'albumine fraîche dont l'insolubilité est assurée après une exposition au jour dont la durée correspond au nombre de secondes que nous avons indiqué, le doute sur la valeur de l'insolation ne peut pas exister, et l'on peut appliquer la couleur sans crainte d'insuccès sur l'épreuve latente.

Il ne faut pas supposer cependant que toute glace insolée reçoive indistinctement et au hasard la couleur d'aniline qui donne l'éclat à l'épreuve et qui la complète.

Les épreuves ne sont mises en couleurs que lorsqu'on est sûr que le résultat est atteint.

Il suffit, en effet, de distinguer un seul trait de l'épreuve quand le verre est immergé dans la cuvette qu'on approche le plus possible du verre jaune qui éclaire le laboratoire, pour être assuré que l'épreuve sera bonne.

Après quelques essais, et par l'inclinaison de la cuvette pour recevoir les rayons obliques, l'opérateur ne tarde pas, par habitude, à distinguer l'épreuve dans toute son étendue. Mais si l'on aperçoit un seul trait après les trois minutes d'immersion, on n'a plus à se préoccuper du résultat. Il est acquis.

Les voiles dans les procédés à l'albumine, à la gélatine et au bitume de Judée ne peuvent avoir pour cause que l'excès d'insolation. Le développement de l'épreuve n'est pas le résultat d'une combinaison chimique, mais un simple dépouillement des parties inoxydées par la lumière, qui cèdent à un dissolvant approprié : l'essence de térébenthine pour le bitume, l'eau chaude pour la gélatine et l'eau ordinaire pour l'albumine.

Le voile n'est que superficiel, quel que soit le produit employé pour former la couche sensible.

Il cède forcément par une immersion plus ou moins longue dans le dissolvant approprié à la substance qui le produit, à condition que l'ensemble de l'épreuve puisse résister par suite d'une insolation vigoureuse à ce même dissolvant.

L'épreuve peut être dégagée du voile pendant le développement ou après la mise en couleur.

Disparition du voile par le développement.

La première méthode consiste dans un mode particulier de lavage dans la cuvette même où l'épreuve se développe.

Pour dissoudre l'albumine soluble, le verre, avons-nous dit, est immergé pendant trois minutes dans l'eau fraîche, et l'on est certain qu'après ce temps l'épreuve est complètement développée.

Les voiles seuls, par suite de l'emploi d'un cliché inégal qui a laissé passer un peu de lumière à travers certaines parties du fond, restent adhérents sur l'épreuve et ne cèdent pas à la pression légère que la nappe d'eau exerce sur la couche dans le mouvement qu'on imprime à la cuvette pour faciliter le dépouillement. Ce grisé superficiel, qui n'est qu'incomplètement insolubilisé, cède cependant et presque toujours à une pression d'eau plus énergique.

Voici ce qu'il faut faire pour épurer l'épreuve et pour rendre aux traits toute leur netteté.

Ne pouvant pas passer un blaireau léger sur le dessin qui serait emporté au moindre contact dans cet état qui n'est que transitoire, on doit rejeter la première et la deuxième eau de lavage et remplir une troisième fois la cuvette d'eau fraîche jusqu'au bord.

Si l'on dispose d'une grande pression d'eau, on laisse tomber la nappe divisée par une pomme d'arrosoir, perpendiculairement sur la couche insolée qui occupe le fond de la cuvette. La nappe liquide qui recouvre le verre doit avoir une épaisseur plus ou moins grande, en rapport avec la force du jet, qui pénètre, quoique brisé et amorti, jusqu'à la couche d'albumine.

Le choc direct désagrège les parties de l'épreuve où l'albumine n'a contracté qu'un faible degré d'insolubilité, et le mouvement giratoire imprimé à la nappe d'eau entraîne dans son tourbillon les parcelles d'albumine qui forment le voile.

En usant de ce tour de main au développement, on n'aura que par accident des voiles sur l'épreuve.

Il est même bon de généraliser la méthode puisqu'on ne sait jamais, l'épreuve étant invisible à l'état humide, quel sera le résultat de l'opération avant la mise en couleur. Il en coûte peu au surplus quand on dispose d'une pression d'eau quelconque.

Si nous donnons un certain développement aux détails du dépouillement, c'est que l'emploi de l'albumine ne se borne pas à la production des épreuves colorées à l'aniline, mais qu'il joue un rôle beaucoup plus important dans plusieurs procédés de gravure (¹) que nous avons décrits dans d'autres Ouvrages, où certaines explications n'ont pas eu tout le développement que nous aurions voulu leur donner par la nécessité de rester dans le cadre que nous avions arrêté d'avance.

Nos Livres devant, par la suite, former un tout complet, le lecteur trouvera en d'autres pages, décrivant des procédés qui ont quelques rapports avec celui que nous traitons, les observations qui nous ont échappé ou qui n'ont pas trouvé place dans un Livre antérieur.

Jet à pression. — Son installation.

Un jet à pression est en quelque sorte indispensable au graveur chimique qui travaille le bitume et l'albumine, et s'il n'est pas absolument nécessaire pour le procédé qui nous occupe en ce moment, quand on développe des surfaces moyennes, il s'impose quand les verres ont de plus larges dimensions.

Nous pensons donc être utile à quelques-uns de nos lecteurs en leur indiquant un moyen simple d'obtenir un jet assez puissant, quelle que soit l'installation du local qu'ils occupent.

(¹) GEYMET, *Traité pratique de gravure et d'impression sur zinc par les procédés héliographiques.* 2 vol. in-18 jésus; 1887 (Paris, Gauthier-Villars et fils).

Les opérateurs qui exercent dans les grands centres et dans un atelier de quelque importance disposent des eaux de la ville dont la force d'ascension donne à tous les étages une pression suffisante pour les travaux de ce genre.

Il n'en est pas de même dans les localités secondaires et dans la campagne.

Voici l'installation qu'il convient de faire. Elle n'exige ni dépense ni appareil spécial.

Nous dirons à ceux qui l'ignorent que la pression exercée par l'eau sur une surface déterminée est représentée par le poids d'une colonne cylindrique d'eau ayant pour base cette surface et pour hauteur la hauteur de la surface libre du liquide au-dessus d'elle.

Il en résulte que la pression en un point du fond ne dépend ni de la forme du vase ni de la quantité absolue du liquide qu'il contient, mais seulement de la hauteur du liquide.

Nous négligeons, dans le calcul qui suit, la pression atmosphérique, qui est, comme on le sait, de 1^{kg} par centimètre carré.

Si nous supposons maintenant que le réservoir du cabinet noir soit un tonneau ordinaire, grand ou petit, dont la surface supérieure soit à une hauteur de 10^m au-dessus de l'ouverture d'écoulement, chaque décimètre carré, en admettant, pour la démonstration, que le robinet alimenté par un tube en caoutchouc puisant dans le réservoir ait une ouverture de 1^{dq}, la force de projection de l'eau par l'ouverture sera représentée par une colonne d'eau ayant pour base 1^{dq} et pour hauteur 10^m ou 100 décimètres.

Le volume de cette colonne d'eau sera donc de 100^{dc}, et par suite, son poids ou sa pression de 100^{kg}.

Si le réservoir était à 10^m, la pression serait double.

Si, par contraire, le réservoir n'est élevé qu'à la hauteur de 1^m, la pression ne sera que de 10^{kg} par décimètre carré.

Mais si l'ouverture du robinet n'a, comme d'usage, que 1^{cq} en surface, la pression ne sera que la dixième partie de 10^{kg}, c'est-à-dire de 1^{kg}.

Puisque, comme on vient de le voir, la pression de l'eau qui s'exerce sur le fond du vase ou du réservoir est indépendante de la forme du récipient, mais exclusivement de la hauteur de la colonne d'eau, nous pourrons superposer deux tonneaux en plaçant le second, le plus élevé, soit dans le laboratoire même, soit à l'étage supérieur, si on le peut.

Le tonneau du bas sera dans ce cas hermétiquement clos.

Les deux réservoirs communiqueront par un tube en plomb ou en caoutchouc renforcé de 1^{cq} de surface.

Les deux récipients ne feront plus, au point de

vue hydrostatique, qu'un seul vase, et la force du jet sera augmentée d'autant de kilogrammes qu'il y aura de mètres d'élévation.

La seconde manière d'enlever le voile sera expliquée dans le Chapitre suivant qui traitera de la mise en couleur.

CHAPITRE V.

Mise en couleur.

Nous reprenons l'épreuve développée encore humide pour y appliquer la couleur.

Sur l'épreuve sèche, l'aniline ne prendrait pas ou si peu que les négatifs et les vitraux n'auraient pas l'intensité voulue.

Il faut que la matière colorante ait pour véhicule un produit qui, s'insinuant dans l'albumine incomplètement coagulée, puisse compléter l'action de la lumière et fermer l'issue en même temps au colorant, en resserrant le trait en albumine qu'il doit rendre complètement insoluble.

Cette réaction qui est instantanée permet alors d'enlever, par un lavage abondant à l'eau, l'excès du colorant libre qui ne s'est pas fixé sur le dessin. Le verre ne retient pas une substance dissoute dans l'alcool ne formant pas vernis, puisqu'il n'est ni poreux ni absorbant. Il reprend sa transparence au lavage, et le dessin se montre alors plus ou moins vigoureux sur le support, suivant le pouvoir colorant du principe qu'on a choisi.

Nous avons indiqué par leur marque ou par leur nom les couleurs qui ne perdaient pas au contact de la lumière. Il nous reste à désigner dans chaque couleur celles qui donnent les néga-tifs et les vitraux les plus intenses.

Ces couleurs sont :

Pour le rouge, le rouge cerise;

Pour le bleu, le bleu 6 B;

Pour le jaune, l'orange Poirrier.

Tous les tons d'aniline solubles à l'alcool peuvent être employés pour les teintes légères qui servent dans la mise en couleur des vitraux.

Il faut avoir sous la main, dans des flacons étiquetés, la série des produits qu'on a choisis.

Les couleurs seront préalablement dissoutes dans l'alcool qui doit en être saturé. On filtre après les produits au papier qui sont alors prêts pour l'emploi.

Nous conseillons de chauffer le liquide colorant au bain-marie quand on s'aperçoit, après un premier essai, que le vitrail manque de vigueur.

Les couleurs intenses s'appliquent très bien à froid. Voici comment on met les épreuves en couleur :

On verse l'alcool coloré sur le verre aussitôt après le lavage, après l'avoir laissé s'égoutter pendant un quart de minute.

Il ne faut pas verser en nappe comme si l'on collodionnait une glace et reprendre immédiatement l'excédent.

L'aniline ne doit pas être reprise. On en couvre le verre sans parcimonie, et l'on attend que le dissolvant, c'est-à-dire que l'alcool se soit évaporé et que l'aniline soit sèche et cristallisée pour laver l'épreuve sous le robinet de la fontaine du laboratoire.

Nous avons dit précédemment que l'alcool complète l'insolubilisation de l'albumine. La couleur elle-même contribue à consolider l'épreuve, qui peut dès lors subir des lavages prolongés aussi longtemps que le verre n'est pas redevenu blanc, ne laissant voir que le dessin.

Si l'épreuve était lavée immédiatement après l'application de la couleur, l'albumine, incomplètement coagulée par l'alcool qui n'aurait fait que passer et par la matière colorante qui agit dans le même sens, ne garderait après le lavage qu'une partie de la couleur qu'elle est capable d'absorber. L'eau pénétrant dans le tissu encore spongieux enlèverait une partie de l'aniline absorbée.

Nous remettons en mémoire ce que nous avons déjà dit dans un Chapitre précédent, et l'on comprendra mieux maintenant qu'une solution concentrée d'albumine, formant une couche plus épaisse et des reliefs plus accentués, puisse contribuer à la vigueur de l'épreuve en dehors de la concentration plus ou moins grande de la matière colorante dans l'alcool. Une épaisseur d'albumine d'un volume égal à 1 absorbera moins de couleur qu'une épaisseur double, et, dans ce second cas, la vigueur de l'épreuve sera dans le même rapport.

Après un dernier lavage, on laisse l'épreuve sécher spontanément. Il ne reste plus qu'à la vernir, quoiqu'elle soit d'une grande solidité même sans protection.

Le vernis à l'alcool versé sur le verre pour protéger la couche d'albumine mise en couleur en entraînerait la perte.

L'alcool qui a servi de dissolvant à l'aniline agirait encore dans le même sens, malgré sa combinaison avec la gomme-laque ou avec toute autre résine. La couleur sèche qui forme l'épreuve serait attaquée par le dissolvant et s'étalerait sur toute la surface du verre. Il n'y aurait de nettoyage possible à l'eau qui ne saurait enlever le vernis étalé en tous sens sur le verre.

Un vernis quelconque à l'essence de térébenthine n'entraînera aucun désordre.

Disparition du voile par friction.

Il nous reste à parler de la seconde manière d'enlever le voile, quand il a résisté au jet direct dirigé sur l'épreuve à travers l'épaisseur de la nappe d'eau.

Après la coloration, nous n'avons plus en main une épreuve délicate à peine fixée, qui peut être troublée par le moindre contact.

La surface de verre est capable maintenant de résister à la retouche.

Les parties ombrées et défectueuses de l'épreuve ou plutôt du fond ont pris la couleur comme le reste du dessin, puisqu'elles sont produites par une légère couche d'albumine partiellement insolubilisée par la lumière à travers le fond trop faible du négatif.

Ces voiles disparaissent si l'on passe un pinceau doux sur les parties défectueuses. La couche d'albumine, qui n'a qu'une très faible épaisseur, adhère à peine sur le support. Les voiles partiels sont enlevés par une touche légère et le trait se détache après, net sur le fond.

On peut encore enlever, par ce tour de main, le voile général tout aussi facilement que la coloration qui ne se montre que sur quelques points isolés.

Ces corrections sont exécutées sur le verre en plaçant l'épreuve sous le robinet de la fontaine du laboratoire, entièrement ouvert, afin que la nappe liquide puisse entraîner à mesure l'albumine colorée qui se détache.

En opérant au dehors du jet, on ne se rendrait

pas compte du progrès de la retouche et l'on s'exposerait, par une friction prolongée et inutile, à détériorer l'épreuve.

Voici la formule d'un vernis qui peut servir pour cet usage :

Colophane.	4ᵍʳ
Succin.	16
Vernis.	8
Essence de térébenthine.	100

Le vernis copal du commerce, coupé de moitié par l'essence de térébenthine, peut remplacer celui dont la formule précède.

On peut encore assurer la durée des épreuves en les couvrant d'une couche d'albumine préparée comme on l'a vu, mais en supprimant le bichromate d'ammoniaque et le bichromate de potasse.

On insolubilise la couche une fois sèche à la chaleur, et l'on peut après, pour communiquer à l'épreuve une grande solidité, passer en nappe du vernis à l'alcool sur le verre.

L'alcool, arrêté par la couche insoluble d'albumine, ne pénètre pas jusqu'à la couleur et ne produit aucun trouble sur l'épreuve.

Coloration locale au pinceau.

En étendant en nappe sur le verre l'alcool coloré, on n'obtient nécessairement qu'une couleur

générale et l'on ne peut former qu'un vitrail monochrome rouge, bleu, jaune, etc. On arriverait
même dans ces conditions à composer un ensemble
formé par la juxtaposition des parties diversement colorées.

C'est cette méthode qui est suivie dans la composition des verrières.

Les procédés ne visent pas si haut, et l'on pourrait objecter que les couleurs d'aniline n'offrent
pas une assez grande certitude de durée pour donner prise à des travaux importants.

Nous sommes certains, après expérience, que
les couleurs que nous avons indiquées sont solides
et que la plupart des teintes employées dans la
fabrication des vitraux artificiels sur papier transparent n'ont pas d'autre origine.

Du reste, les couleurs d'aniline que nous préférons, à cause de leur éclat qu'aucune autre matière tinctoriale n'égale, peuvent être remplacées
par les couleurs végétales solubles dans l'alcool.

La garancine, l'alizarine, la cochenille, la carmine, les laques du ton, peuvent remplacer l'aniline rouge.

L'indigo, l'indigotine, le pastel, fourniront la
teinte bleue.

La gaude, le quercitron, le curcuma, la fustine,
l'anchusine, serviront à teindre en jaune.

La noix de galle, le bablah, le sumac, le cachou,
pourront servir pour les bruns.

Les matières colorantes, de quelque nature qu'elles soient, pourvu qu'elles soient transparentes, peuvent servir pour la mise en couleur des épreuves.

Il n'est pas même indispensable que les couleurs soient solubles dans l'alcool.

On rencontre toujours, parmi les produits dérivant de l'aniline, une couleur soluble à l'alcool, du ton cherché. La mise en couleur devient très facile en employant l'alcool comme véhicule de la couleur, puisqu'il concourt comme la lumière à insolubiliser l'albumine. C'est pour ce motif que le choix doit se porter sur ces couleurs.

Les couleurs que l'alcool ne dissout pas, mais qui sont solubles à l'eau, peuvent également servir.

Il faut, dans ce cas, que la mise en couleur soit faite dans un bain presque bouillant.

L'eau portée au point d'ébullition coagule l'albumine tout aussi bien que l'alcool. La couleur introduite dans l'épreuve s'y fixera, puisque l'eau chaude qui lui sert de véhicule lui fermera toute issue en resserrant le produit spongieux.

La mise en couleur dans un bain d'eau froide, tenant en dissolution la matière tinctoriale, resterait sans effet.

Les lavages qui suivent forcément entraîneraient le produit colorant qu'aucun réactif n'aurait fixé dans la substance qui forme l'épreuve.

Toute matière colorante peut, en conséquence, être employée en exécutant la mise en couleur à l'alcool ou à l'eau chaude, suivant le cas.

En place d'un monochrome, on obtient des dessins multicolores en appliquant les couleurs au pinceau.

Dans ce cas, l'alcool seul peut être employé comme dissolvant de la couleur.

Il faut que la couleur que le pinceau porte sur un point déterminé du dessin s'y fixe immédiatement et ne se laisse plus pénétrer par une autre teinte.

L'alcool seul peut produire cet effet. Quand l'épreuve repasse à l'état sec, le jaune appliqué sur le bleu déjà posé sur une partie du dessin ne se mélangera pas avec le bleu pour former du vert. L'albumine touchée par l'alcool s'oppose à la pénétration de la couleur superposée, et la deuxième couleur est entraînée au lavage sans laisser trace de son passage.

La première couleur qu'on pose n'altère pas la blancheur de l'albumine, quand l'excès entraîné par l'eau du lavage passe sur les parties voisines. L'alcool dilué dans l'eau qu'on répand sur le verre n'a pas assez de force pour coaguler les points voisins qui n'ont pas été touchés directement par l'alcool pur.

En se conformant à ce qui suit, on peut appliquer un nombre quelconque de couleurs sur une même épreuve sans en troubler l'harmonie par l'empiètement d'un ton sur un autre.

Cette coloration au pinceau, que nous appelons *coloration locale,* ne réclame aucune aptitude particulière. La main la moins exercée peut l'exécuter de prime abord.

Il ne s'agit pas, en effet, de suivre délicatement avec la pointe effilée d'un pinceau le contour ou le trait qu'on veut colorer. Il suffit, dans un ensemble où la même couleur est à poser, de ne pas dépasser les lignes décrivant l'espace limité qui doit recevoir le ton.

On passe largement un aplat sans se préoccuper du fond, qui n'est autre que le verre portant l'épreuve.

La couleur ne peut se fixer que sur le trait. Ce qui déborde sur le verre en dehors du trait sera emporté par l'eau de lavage, et la série de traits occupant l'espace déterminé sera toujours nette, le verre qui constitue le fond du dessin ne se colorant pas.

Ce genre de décoration fait exception à tous les autres modes de peinture.

Dans l'aquarelle, la couleur qui dépasserait la limite indiquée par le dessin tacherait le fond, c'est-à-dire le papier qui doit rester blanc, d'une manière irréparable. Il n'y a rien de tel à craindre dans la coloration des vitraux obtenus par le procédé à l'aniline. Le fond n'est pas à considérer dans l'application des couleurs. La tache qui n'aurait pas été enlevée par l'eau céderait au besoin au grattoir.

On peut employer la pointe, comme dans la peinture sur porcelaine ou sur émail, pour gratter les imperfections qu'un accident d'albumine aurait formées sur le dessin.

Prenons comme exemple de coloration au pinceau un dessin au trait formant un carré. Supposons qu'une bordure de $0^m,01$ forme l'entourage du dessin dont le milieu comportera une rosace, et les quatre angles existant entre la bordure et la rosace, des arabesques.

Si nous voulons obtenir la bordure en couleur bleue, les arabesques en jaune et la rosace en rouge, nous passerons d'abord une couleur bleue à l'alcool sur la bordure, sans nous préoccuper des ornements intérieurs compris dans les limites de la bordure.

Après l'évaporation de l'alcool et quand l'épreuve sera sèche, nous plongerons vivement le verre dans une large cuvette pleine d'eau et nous rincerons abondamment. La bordure seule gardera la couleur. Le reste du dessin n'aura pas pris la teinte.

Nous appliquerons alors la couleur jaune sur les arabesques, en observant les mêmes manipulations. La teinte rouge de la rosace sera traitée de la même manière.

Épreuves positives et négatives de demi-teintes
à l'aniline.

On a pu lire dans nos Traités spéciaux que les négatifs de demi-teintes pouvaient être transformés en négatifs grainés. Après la formation du grain, on peut prendre sur ces clichés des positifs de même nature.

Nous avons dit au début de ce Livre que les photographes de métier pouvaient seuls prétendre à la production des vitraux et des négatifs à l'aniline, des paysages pris sur nature et des épreuves de demi-teintes reproduites par la lithographie, par la phototypie ou par la gravure au lavis.

Il n'y a pas de doute que l'albumine soit apte à reproduire en négatif et inversement le négatif type transformé, puisque l'on rentre dans les conditions normales des dessins de traits.

Il ne s'agit pas, dans la production des vitraux par l'aniline et par les couleurs transparentes solubles à l'alcool ou à l'eau, d'atteindre le fondu des épreuves photographiques.

Le vitrail, par sa nature et par les applications qui en sont faites, peut se tenir à quelque distance de cette perfection. Les vitraux n'ont pas pour but d'arrêter la lumière, mais de lui laisser au contraire un libre accès à l'intérieur en repoussant sur certains points la lumière blanche pour laisser plus d'éclat aux rayons décomposés.

Les dessins de traits, qui laissent passer la lumière blanche sans la voiler, produisent en général plus d'effet que les sujets estompés qui occupent cependant la place d'honneur, sous forme de médaillons, dans le milieu de la composition.

On pourra toujours, avec ces dessins par transparence qui, n'étant pas vitrifiés et fixés par le feu, ne sont à leur place que fixés sur les fenêtres à l'intérieur, réserver dans le milieu de la composition un espace libre qui recevra une épreuve en demi-teintes obtenue soit au charbon, soit au gélatinochlorure ou encore au collodion sec.

Il n'est même pas nécessaire d'emprunter à ces procédés. L'albumine donne des épreuves presque équivalentes si l'on a recours au grain qui transforme le négatif d'origine.

En dehors des vitraux, les clichés positifs et négatifs grainés colorés en jaune, en jaune orange et en rouge peuvent avoir une très grande valeur pour la gravure en creux ou en relief.

C'est à ce double point de vue que nous allons rappeler la méthode que nous considérons comme la plus simple pour transformer les négatifs, qui seront alors plus que suffisants dans les épreuves positives par transparence qu'ils fourniront et qui rendront d'utiles services au graveur chimique dans les illustrations courantes.

La transformation du cliché ordinaire en cliché grainé, avec l'emploi des verres au gélatinobromure ou au gélatinochlorure, est à la portée des amateurs qui touchent rarement à l'objectif.

Nous ne pouvons pas revenir sur toutes les méthodes qu'on peut lire dans nos divers Ouvrages. Nous nous bornerons ici au grain factice qu'on obtient sans difficulté et sans accessoire avec les verres sensibles à la gélatine.

On place le négatif dans un châssis-presse et sur le négatif une mousseline noire du tissu le plus fin et le plus serré que l'industrie puisse produire. On prend au besoin le tissu en soie qui sert à confectionner les tamis. C'est le numéro le plus serré de la série qu'il faut choisir. Mais il est préférable à tous les points de vue de faire confectionner 1^{dq} de tissu en cheveux dans une maison spéciale.

On a alors un quadrillé extrêmement serré et d'une très grande régularité, les cheveux étant tous de la même épaisseur et sans bavure.

On applique de préférence ce dernier quadrillé sur la glace du châssis et l'on pose par-dessus la glace au gélatinobromure.

L'insolation se fait à l'allumette dans le cabinet noir éclairé à la lumière rouge voilée.

Quand on enflamme l'allumette, le châssis-presse doit être couvert; on le retourne pour l'insolation quand le soufre a brûlé et que l'allumette projette une lumière blanche.

On retourne le châssis et l'on souffle l'allumette en même temps. L'exposition d'une seconde est presque toujours exagérée.

Comme l'insolation doit être renouvelée trois fois, on éloigne à la première insolation la flamme de l'allumette de 3^m ou 4^m du châssis pour en atténuer l'effet.

Sans déplacer le tissu qu'il est bon de fixer par les quatre angles avec une lame de papier gommé, on déplace la glace sensible en lui faisant décrire un quart de cercle pour croiser le trait.

On insole une deuxième fois pendant une demi-seconde.

En répétant cette opération trois ou quatre fois, le quadrillé est à peine sensible sur la glace. Il se transforme en pointillé.

L'opération réussit toujours si chaque insolation ne dure qu'une fraction de seconde. La glace doit, malgré ces expositions successives, garder la plus grande partie de sa sensibilité et ne pas se voiler, puisqu'il nous reste à faire la dernière pose qui est la principale.

Pour compléter l'opération, le tissu est alors retiré du châssis-presse et remplacé par le négatif qu'on veut reproduire.

On pose la glace au gélatinobromure, qui a été exposée sur le tissu, sur le négatif, et l'on insole comme précédemment à la flamme de l'allumette pendant une seconde.

Le développement se fait, d'après la méthode ordinaire, dans le bain de fer et d'oxalate neutre.

Le cliché est complètement transformé par ces insolations successives avant la pose définitive.

Les ombres fondues du négatif type ont fait place à un grain régulier qui laisse à peine soupçonner son point de départ. L'épreuve perd un peu de sa vigueur, mais il n'existe pas de trouble dans l'ensemble de la reproduction qui peut servir pour la reproduction des vitraux à l'aniline et pour la gravure.

Ce pointillé laissant un vide à jour sur toute la surface de l'épreuve, donne la facilité de reproduire les dessins estompés avec la couche d'albumine qui n'est pas susceptible de se dissoudre sous des épaisseurs inégales, suivant le degré d'insolation, comme la gélatine dans l'eau chaude.

Ce quadrillé, que nous avons obtenu au châssis-presse, peut être fait à la chambre noire. Il est alors plus facile de diviser le temps de pose en fractions, avec les obturateurs perfectionnés qui donnent un cinquantième de seconde.

Il n'est pas nécessaire d'exposer chaque glace qu'on emploie à la transformation d'un négatif, sur le tissu en cheveux.

On met en réserve un quadrillé tout formé, et c'est sur ce verre portant l'empreinte du grain après le développement qu'on expose préalablement la glace au gélatinobromure avant de l'exposer sur le négatif dont on veut le contre-type.

Le quadrillé latent qui ne se montre qu'au développement dans le contre-type est produit alors par une seule insolation, et l'on ne court aucun danger de voiler les glaces.

Il n'est pas absolument vrai que l'albumine bichromatée employée dans les conditions dont nous parlons, c'est-à-dire par dissolution, ne puisse pas reproduire les clichés de demi-teintes, sans qu'ils soient transformés.

Par suite des études que nous avons faites et que nous développerons dans un autre Livre, nous sommes persuadés que l'albumine peut se dissoudre sous différentes épaisseurs dans l'eau froide, suivant son degré d'insolation.

Nous avons eu des résultats en ce sens, mais nous ne pouvons pas jusqu'ici donner des règles fixes pouvant amener des résultats constants.

Dire en un mot que l'albumine après l'insolation est insoluble sous les parties claires du négatif et insoluble au même degré sous les parties ombrées, est une affirmation qui n'est pas exacte.

Nous avons établi ce principe en parlant de l'albumine dans son application à la gravure.

Avec des négatifs reproduisant des dessins au trait, le fait est certain. Il n'y avait donc rien d'excessif dans nos premières affirmations, puisque l'albumine n'était étudiée que comme agent de gravure.

Ce n'est certes pas en considération de l'utilité de l'albumine pour produire des vitraux colorés, que nous touchons à la question de la solubilité de ce produit à des épaisseurs inégales.

Cette propriété qui lui est certainement acquise peut être, une fois réglée, le point de départ de bien d'autres applications dont nous parlerons par la suite en dehors de cette étude, et dont il ne peut pas être question maintenant avant de nouvelles expériences.

Ce produit mélangé de glycérine, de gomme et de gélatine, acquiert d'autres propriétés. Il est alors susceptible de se comporter dans l'eau froide comme la gélatine dans l'eau chaude.

Mais les proportions, le choix des produits, les réactifs qui doivent entrer en dissolution dans la préparation du bain froid, sont les points obscurs.

Clichés négatifs sur papier obtenus par l'aniline.

Cette méthode peut être très utile aux dessinateurs, non seulement pour les vitraux, mais pour tout autre mode de reproduction sur papier.

On transforme en épreuve négative le dessin fait à la plume, sur papier à calquer qui peut dès lors, comme le négatif sur verre fait à la chambre noire, servir à la reproduction des plans, des cartes géographiques et des dessins au trait de toute nature.

Il n'y a rien de photographique dans la production de ces négatifs. La lumière n'y joue aucun rôle, mais il est bon de connaître comment on peut transformer une épreuve directe dessinée à la main en une épreuve inverse, par suite de l'utilité qu'elle a dans d'autres opérations où la lumière intervient.

Nous pourrions indiquer plusieurs procédés analogues. Nous en avons déjà développés quelques-uns dans nos divers Traités (*). Nous ne voulons pas sortir, dans cette Brochure, de ce qui a trait à l'emploi de l'aniline en Photographie.

L'opération, qui est fort simple, consiste à tracer le dessin qu'on veut multiplier soit avec l'emploi des bains d'argent, soit à la presse, non plus avec l'encre de Chine, qui résisterait aux lavages, mais avec une encre grasse, soluble à l'eau et ne laissant pas trace de son passage sur le papier blanc quand le papier passera par un dissolvant qui sera sans action sur l'aniline, qui formera le fond inverse de l'épreuve, en colorant en noir, en rouge ou en jaune le papier décalque qui porte le dessin positif fait à la main.

On trace le dessin ordinaire ou dessin positif

(*) GEYMET, *Traité des émaux photographiques. Secrets* (tours de main, formules, palette complète, etc.) à *l'usage du photographe émailleur sur plaques et sur porcelaines.* 3ᵉ édition. In-18 jésus; 1885 (Paris, Gauthier-Villars et fils). — *Traité pratique de Céramique photographique.* Épreuves irisées or et argent (Complément du *Traité des émaux photographiques*). In-18 jésus 1885. (Paris, Gauthier-Villars et fils).

à la plume ou au tire-ligne, en se servant de l'encre que les lithographes emploient pour dessiner directement sur la pierre.

Cette encre est vendue dans les maisons spéciales, qui fournissent les lithographes, sous forme de bâton, comme l'encre de Chine.

On prend le large godet en porcelaine lisse qui fait partie des accessoires du dessinateur. On frotte le bâton d'encre d'abord à sec pour noircir le fond du godet. Quand l'épaisseur de la couche paraît suffisante, on y verse quelques gouttes d'eau de pluie ou mieux d'eau distillée, puis on délaie l'encre avec le doigt.

On reprend l'encre solide au besoin et l'on continue l'opération jusqu'au moment où l'eau chargée de couleur se change en encre noire liquide.

Le dessinateur exécute alors son calque en se servant de ce noir en place d'encre de Chine.

Quand le dessin est sec, la feuille de papier calque est posée sur un verre plus large, ou sur une planchette à dessin recouverte de papier buvard épais, qui sert de matelas au calque.

Le calque est ensuite appliqué sur la planchette débordant le buvard de quelques centimètres. On fixe à la gomme le dessin sur le bois en le tendant le plus possible pour éviter les plis.

On prépare alors une solution alcoolique épaisse de brun d'aniline ou de brun Bismark de même nature, qu'on passe à plusieurs reprises sur le dessin en se servant d'un blaireau doux. Le brun d'aniline peut être remplacé par toute autre couleur antiphotogénique.

Quand la couche d'aniline est sèche, le dessin à l'encre lithographique est enlevé à l'aide d'une touffe de coton imbibée d'essence de térébenthine, qui dissout l'encre grasse mais qui n'a pas de prise sur l'aniline. On frictionne avec l'essence jusqu'à la disparition complète du dessin.

Si l'on examine le résultat par transparence après avoir retiré le dessin de la planchette, on voit le dessin se détacher en traits blancs transparents sur le fond brun rendu opaque par la couche d'aniline.

En dehors de l'emploi de l'aniline, on obtient un résultat analogue en insolant sur le calque dessiné à l'encre de Chine, suivant la méthode ordinaire, une feuille de papier recouvert d'une couche légère d'albumine bichromatée, préparée comme il a été dit précédemment.

Le papier est posé après l'insolation sur une pierre lithographique, puis encré au rouleau dans le cabinet noir. Un rouleau trop chargé d'encre ne donnerait pas un bon négatif. Il vaut mieux que l'héliographie soit couverte avec un rouleau pouvant étendre le noir en couche légère et dure. L'épreuve négative se dégorge d'elle-même dans un bain d'eau froide qui dissout l'albumine non influencée par la lumière.

L'encre se détache du papier dans la partie qui forme le trait, quand la couche de noir n'a plus pour support l'albumine que l'eau entraîne. Elle reste au contraire solidement fixée sur le fond.

On peut, pour donner plus d'opacité au fond, quand le papier est sec, exposer l'épreuve négative dans l'étuve à une chaleur modérée, pour ramollir le noir d'impression. On tamise de la poudre de bronze couleur feu ou couleur d'or.

Il faut éviter de se servir d'un blaireau pour étaler la poudre. La pression pourrait étendre le noir sur le trait et le voiler.

On fait passer le bronze tombé du tamis sur toute l'étendue du dessin, en soulevant à moitié le papier alternativement par chacun de ses angles.

La feuille est secouée après quelques heures de repos pour enlever l'excès de bronze qui ne s'est pas fixé sur l'encre.

On a par ce saupoudrage un fond très-opaque qui se prête à tous les genres de reproductions.

Le bronze couleur d'or arrête complètement la lumière sous une faible épaisseur. Nous avons fait cette observation en transformant les positifs ordinaires en positifs à grain par la mixtion au glucose dont il été bien souvent question dans nos Traités.

———

CHAPITRE VI.

PROCÉDÉ AUX VAPEURS D'ANILINE

Généralités.

Nous allons exposer sous réserve le procédé de Willis tel qu'il a été décrit.

Nous y ajouterons quelques développements et plusieurs additions qui nous paraissent nécessaires. Ce sera le complément de cette étude sur l'emploi de l'aniline en Photographie.

Les épreuves sont développées par fumigation.

Les vapeurs d'aniline qui colorent l'héliographie ne se fixent que sur les parties de la feuille de papier sensibilisée sur lesquelles la lumière n'a pas opéré la décomposition du sel double qui entre dans la composition du bain.

Nous ne discutons pas la valeur de l'application. Nous la prenons telle qu'elle est, mais nous sommes persuadé qu'elle est susceptible de perfectionnement.

Les épreuves n'ont ni la fermeté ni la vigueur

de celles qui nous sont données par le sel d'argent. Mais elles peuvent servir d'auxiliaire dans certaines applications.

C'est une méthode que nous mettons à l'étude dans les mains du lecteur.

Cette méthode, inférieure à beaucoup d'autres, n'aurait par elle-même qu'une importance secondaire, mais elle permet de reproduire un dessin de même nature que l'original.

C'est sous un positif que l'insolation est faite et la copie est une épreuve positive.

Il n'est pas nécessaire de transformer le type en négatif pour multiplier les épreuves.

La production de l'épreuve est amenée par une de ces réactions qui sont malheureusement trop rares dans les systèmes de tirage.

Dans la Photographie industrielle, il importe au premier chef de reproduire les dessins au trait et les plans directement sans recours au négatif et par des moyens simples, commodes et rapides.

Les plans ont ordinairement des dimensions plus qu'ordinaires.

Le photographe et même l'imprimeur lithographe ne peuvent en aborder la reproduction qu'à grands frais.

Le procédé aurait donc une grande valeur si l'on trouvait une réaction qui permît de reproduire l'original franchement et dans toute sa netteté par la seule superposition d'une feuille sensible sur le calque et par une insolation rapide sans autre accessoire qu'un châssis-presse.

La méthode au ferro-prussiate, qui rend le dessin en bleu sur fond blanc, quoique très utile, laisse encore à désirer, et les procédés analogues, au tannate et au gallate de fer, qui voilent le papier, ne donnent pas entière satisfaction aux intéressés.

C'est pour ces motifs que nous remettons en vue le procédé à l'aniline qui, mieux étudié, amènerait sans doute la solution du problème.

Or, le problème à résoudre a une grande importance.

Il ne s'agit pas simplement de reproduire un plan ou une carte géographique. Cette solution est trouvée depuis l'origine de la Photographie.

Ce qu'il faut, c'est arriver à livrer au jour le jour et presque sans frais les deux ou trois copies d'un calque quelconque (et, sauf exception, la demande ne dépasse pas ce nombre d'épreuves), à l'architecte qui veut, par nos procédés, éviter une main-d'œuvre onéreuse et recevoir le plus tôt possible ces quelques copies qui lui sont absolument nécessaires.

Dans un long tirage, le nombre d'exemplaires rémunère le travail et laisse un bénéfice. Or, la phototypie sur cuivre, qui est le mode de reproduction le plus simple et le plus prompt, serait en perte dans une reproduction limitée à quelques épreuves, à moins de coter chaque exemplaire à un prix élevé.

Or, c'est le prix qui est la pierre d'achoppement, car, en dehors du bon marché, le meilleur procédé ne vaut rien, quand il est en concurrence avec d'autres qui le valent et qui livrent un travail équivalent et même supérieur sans différence de prix.

Ce n'est donc que comme point de départ et pour aider aux recherches que nous indiquons les formules et les manipulations d'une méthode qui ne nous appartient pas, et qui peut sans doute donner mieux que ce qu'elle a produit jusqu'ici.

Le lecteur ne doit pas toujours chercher dans un Livre ce qui ne peut pas s'y trouver quand les procédés sont à l'étude.

Il doit dans ce cas accepter les prémisses et tâcher de tirer la conclusion lui-même.

Préparation du papier.

N° 1. Bichromate de potasse........ 15^{gr}
     Eau distillée.............. 150^{cc}

N° 2. Acide pyrophosphorique...... 25^{gr}
     Eau distillée............ 150^{cc}

L'acide métaphosphorique qui est solide peut remplacer l'acide pyrophosphorique en réduisant la dose indiquée à 15^{gr}.

On laisse flotter le papier sur le bain pendant une minute en ayant soin que le liquide ne passe pas sur le verso. Le papier ne doit pas être entièrement pénétré, mais recevoir un mouillage de surface.

Si le bain traversait l'épaisseur de la pâte, l'épreuve pâle à la surface n'aurait de vigueur que dans l'intérieur de la feuille.

Les papiers préparés ne se conservent pas. On les emploie autant que possible le jour même. Ce n'est qu'à l'aide de la chaleur qu'ils perdent toute trace d'humidité. Ce qui n'est pas employé le jour même peut cependant servir le lendemain, à condition qu'il soit serré à l'abri de la lumière dans un milieu sec.

On se souviendra de ce que nous avons dit au sujet de de la qualité du papier.

Les feuilles sensibilisées sont suspendues par un angle pendant quelques minutes. Elles sont ensuite portées dans une étuve où la dessiccation puisse se faire rapidement. Il serait difficile de tirer de bonnes épreuves sur un papier qu'on laisserait sécher spontanément.

L'humidité de la feuille est, comme dans l'impression au platine, le plus grand écueil du procédé.

Le ton du papier une fois sec doit tirer sur le jaune. Une teinte trop bleutée indiquerait un excès d'acide.

La couleur bleue ne doit se développer que sous l'influence de la lumière.

Les parties protégées par les noirs du cliché positif conservent la coloration jaunâtre qu'elles avaient avant l'insolation.

Au développement, les vapeurs d'aniline n'influencent, en les colorant, que les points soustraits à la lumière.

Elles ne marquent pas sur le fond où le phosphate de chrome a été décomposé et a perdu son pouvoir absorbant.

Il se passe dans cette réaction un fait analogue à celui qu'on observe en exposant au jour une feuille de papier sensibilisée sur un bain d'hyposulfite de plomb. La lumière décompose le sel de plomb au minimum et le fait passer à l'état de peroxyde en développant la couleur rouge du minium.

Cette réaction que nous avons suivie pour des travaux qui sont en dehors de la Photographie donne prise à une méthode de tirage que nous traiterons au premier jour.

En supposant que l'insolation soit faite sur un cliché positif sur verre, la durée de l'exposition en bonne lumière est d'environ dix minutes à l'ombre. Mais cette méthode ne visant que la reproduction des plans exécutés sur papier calque qui tiennent lieu de positifs sur verre, on comprend qu'une insolation de dix minutes serait un temps trop court et qu'il sera nécessaire de tripler avec un calque. La pose sera en rapport avec la transparence plus ou moins grande de la feuille de papier sur laquelle le plan aura été dessiné.

L'emploi du photomètre n'est pas de rigueur si l'on veut se conformer à ce que nous avons conseillé relativement au temps de pose, dans notre *Traité pratique de Phototypie*. [1].

On coupe une bande de papier sur la feuille sensible qu'on expose et on la pique en pleine lumière sur un des bords du châssis.

On en détache un bout, qu'on expose aux vapeurs d'aniline quand on suppose que le phosphate de chrome a été réduit par la lumière.

Si le fragment se colore, l'exposition est insuffisante, puisque, avec une pose exacte, le papier doit rester blanc dans le fond.

Dans ce cas, le châssis reste encore au jour, et l'on vérifie le résultat obtenu à trois ou quatre reprises.

Après quelques jours d'exercice, on juge de la valeur de la pose à la seule inspection du dessin qu'on examine en ouvrant le châssis en demi-lumière ou mieux dans le cabinet noir.

On évitera d'autre part d'exagérer la réduction. Dans ce cas, le sel sensibilisateur partiellement réduit sous les noirs du positif ne prendrait

---

[1] GEYMET, *Traité pratique de Phototypie*. 3e édition. In-18 jésus; 1888 (Paris, Gauthier-Villars et fils).

qu'une teinte pâle, quand il serait soumis aux fumigations.

Les clichés positifs à l'aniline pouvant servir à deux fins, la reproduction directe par le procédé lui-même et la reproduction par la presse, on choisira de préférence un papier très mince, mais serré de gain et vigoureusement cylindré à chaud, pour que l'insolation puisse se faire indifféremment sur le recto ou sur le verso.

Fumigations.

Le bain pour fumigations se compose de :

Benzine. . . . . 100^{cc}
Aniline.. . . . . 10^{gr}

Le choix de la benzine n'est pas sans importance. On prend le produit le mieux rectifié et le plus volatile. On le verse dans une cuvette en porcelaine ou en verre.

Un récipient en gutta-percha ne remplirait pas le but. Le fond de la cuvette serait attaqué par la benzine.

La couleur d'aniline 6 B, préalablement dissoute dans l'alcool à 40°, est répandue également sur toute l'étendue du fond de la cuvette.

L'épreuve à développer est fixée sur une planchette, le côté insolé en dessus. On couvre alors la cuvette et, sous l'action de la benzine, les vapeurs

9.

d'aniline s'élèvent du fond et se portent sur l'épreuve.

Il est essentiel, si l'on veut obtenir une belle coloration, que la cuvette soit hermétiquement close pour éviter la déperdition des vapeurs.

Voici comment on peut s'y prendre pour fermer toute issue aux vapeurs et pour rapprocher le plus possible l'épreuve de la nappe liquide.

On prend, dans une feuille de caoutchouc très-souple, un carré découpé aux dimensions de la planchette qui servira de couvercle à la cuvette pendant la durée des fumigations.

Le caoutchouc est fixé sur le bois à l'aide de quelques pointes.

On cloue ensuite à travers l'épaisseur du caout-chouc et dans le milieu de la planchette une seconde planchette de la dimension exacte du fond de la cuvette. Le bois peut avoir $0^m,05$ d'épaisseur, si la cuvette a $0^m,06$ de profondeur.

C'est sur cette doublure du couvercle qui descend, quand la cuvette est couverte à $0^m,01$ du fond qu'on pique, avec des punaises à dessin, l'épreuve pour la soumettre aux fumigations, et qui se trouve ainsi presque à fleur du bain.

Si l'on place un corps lourd sur le couvercle, le caoutchouc qui déborde la doublure en bois épais, fait pression en tout sens sur les bords de la cu-vette et ne permet plus aux vapeurs d'aniline de s'échapper.

Les bords rodés d'une cuvette en verre donnent une fermeture plus précise encore.

L'épreuve dont la pose est exacte commence à se développer après quelques minutes. La coloration s'accentue à mesure que les vapeurs se condensent sur le papier.

On peut activer le développement en plaçant la cuvette sur des cendres chaudes pour élever la température du bain. Il faut éviter de placer le récipient sur un fourneau brûlant à découvert. La benzine pourrait s'enflammer et donner lieu à des accidents.

Il faut, du reste, très peu de chaleur pour activer l'opération, qui suit une marche régulière à la température du milieu où l'on travaille.

L'épreuve prend sur le bain d'aniline une teinte d'un brun vert foncé qui passe au bleu pur quand elle est plongée dans l'eau.

Le temps pris par le développement et le ton de l'épreuve dépendent en grande partie de la durée de l'insolation.

On arrête les fumigations dès qu'on s'aperçoit que le fond de l'épreuve a une tendance à se teinter. Si le dessin, dans ce cas, est resté stationnaire, sans prendre une coloration accentuée, on peut conclure à un manque d'insolation.

L'excès de pose retarde le développement et le rend quelquefois impossible. Les vapeurs d'aniline ne se fixent pas sur le phosphate de chrome.

qui a subi sous les noirs une décomposition complète.

L'épreuve prend quelquefois une nuance verte dans le bain de lavage. On la ramène au bleu en versant dans l'eau quelques gouttes d'ammoniaque liquide.

L'épreuve qui ne passerait pas au vert doit être amenée à ce ton, en versant dans le bain une goutte d'acide sulfurique qui fait disparaître la coloration jaune laissée par le bichromate de potasse et d'ammoniaque.

On ramène ensuite l'épreuve au ton bleuté par l'ammoniaque.

FIN.

TABLE DES MATIÈRES

CHAPITRE II.

CHAPITRE III.

CHAPITRE IV.

CHAPITRE V.

FIN DE LA TABLE DES MATIÈRES.